LA ROUTE DE JADE

Du même auteur

Aux éditions XO

Seul au monde, 2017. Pocket, 2018.
Retour en enfer, 2021. Pocket, 2022.

Jade Destremau
Sébastien Destremau

LA ROUTE DE JADE

XO EDITIONS

ISBN : 978-2-37448-483-9

À toi, Marshal, mon frère,
qui m'as laissée partir
dans l'inconnu.

À toi, Marshal, mon fils,
qui as soutenu Jade au long
de ce grand voyage.

Jade

Dans mon enfance, mes quelques expériences nautiques ont été si catastrophiques que j'ai définitivement perdu tout intérêt pour la voile. Autant dire que je n'aurais jamais imaginé qu'à l'âge de 18 ans j'accomplirais un demi-tour du monde en bateau. Et encore moins avec mon père, cet aventurier toujours en mer et loin de nous, qui a eu la bonne idée de se lancer dans deux Vendée Globe – la course, paraît-il, la plus dure et la plus folle qui puisse exister. Vous le connaissez peut-être, il s'appelle Sébastien Destremau. Il est toulonnais. Et pourtant, ce père que je connais si peu, je l'ai mis au défi. Après s'être retiré de son deuxième Vendée Globe, en Nouvelle-Zélande, pour cause de casse, il est venu nous voir, mon frère jumeau, Marshal, et moi, en Australie, où nous habitons avec notre mère, pour fêter nos 18 ans. De sa part, un joli exploit ! Je plaisante… mais il y a de ça. Quelques jours plus tôt, au téléphone – je ne sais toujours pas pourquoi… tant je déteste la voile –, je lui ai lancé :

— Papa, est-ce que je peux ramener le bateau avec toi à Toulon ?

— Tu es tombée sur la tête ?

— Pas du tout. J'ai très envie de le faire.

Il y a eu un petit blanc au bout de la ligne, puis :

— OK, on part dans une semaine.

Sébastien

Je m'en souviens comme si c'était hier. La veille du départ du Vendée Globe 2012, je suis sur le ponton avec mon ami Grégoire. C'est la nuit, il pleut, il fait froid, il y a un vent à décorner les bœufs – et une ambiance presque sinistre : pas un chat à la ronde, pas une lumière, les drisses qui claquent, les drapeaux qui flottent… Je n'avais jamais vécu ça ! Le lendemain, vingt skippers partent à la conquête de l'inutile. Un tour du monde en solitaire, sans escale, sans assistance… et sans pitié.

Sur le ponton, ce soir-là, je découvre cette odeur, cette saveur, cette atmosphère si particulières des veilles de départ des navigateurs pour une longue traversée. J'imagine qu'ils doivent tous ressentir plus ou moins la même chose ; leurs proches aussi, qui ne savent pas s'ils vont revenir… C'est sans doute cette sensation, cette émotion, qui me fait dire à Grégoire, de façon totalement impromptue :

— Dans quatre ans, c'est toi qui largueras ma dernière amarre…

Le Vendée Globe me semble tellement difficile qu'il faut vraiment une très forte dose de motivation pour s'y engager. La mienne est simple : en 2016 comme en 2020, c'est un défi personnel que je me suis lancé. Je voulais savoir si j'étais capable de construire un projet à partir de rien et en allant le plus loin possible sur le chemin de ce qu'on appelle l'« aventure ». La première fois, je me suis jeté dans l'inconnu total, tant dans la préparation que dans la traversée elle-même. La seconde fois, j'y suis retourné en sachant ce qui m'attendait, en connaissant à l'avance toutes les difficultés auxquelles j'allais être confronté. Ce n'est pas du tout la même chose, et aujourd'hui je ne sais toujours pas ce qui est le plus facile ou le plus difficile.

Certes, il faut une bonne dose d'ego pour accepter un tel challenge. Ça tombe bien : je crois avoir été assez bien doté en la matière ! Je sais aussi ce que cela signifie : s'éloigner longtemps de ceux qu'on aime. Et en particulier de mes cinq enfants, les trois aînés qui vivent en France, et mes jumeaux qui vivent avec Kim, leur mère australienne dont je suis séparé. C'est une question que doivent se poser tous les aventuriers : sont-ils totalement égoïstes et irresponsables ou, au contraire, veulent-ils réaliser des choses un peu exceptionnelles qui les rapprocheront – malgré la distance physique – de leurs proches ? En vérité, j'ai plus esquivé cette question qu'essayé d'y répondre. Sans doute plus confortable... Ce qui m'intéresse également, c'est de partager avec des gens que je ne connais pas. Pour qu'ils puissent dire : « Si un mec comme lui a réussi à faire le Vendée Globe, tout le monde doit pouvoir trouver au fond de soi la force de surmonter les problèmes que l'on rencontre au quotidien... »

Mon deuxième Vendée Globe s'est soldé par ce que d'aucuns appellent un échec : après soixante-dix jours de solitude, dont les trente derniers ont été extrêmement difficiles, je me suis retiré de la course mythique pour des raisons techniques à Christchurch, sur l'île du Sud en Nouvelle-Zélande. J'ai amarré *Merci* le 18 janvier 2021, jour de l'anniversaire de ma première fille, Tiphanie. Les dates ont toujours eu un sens pour moi.

Nul ne savait encore combien cet « échec » allait m'offrir la plus belle chance de ma vie. Un moment unique que je n'aurais jamais vécu si j'étais parvenu au terme de ce tour du monde. J'irais même jusqu'à remercier l'océan Indien d'avoir fracassé mon système de barre ! La « route de Jade » n'aurait jamais eu lieu sans cet incident technique qui m'a coûté très cher à l'époque.

Mais la personne que je remercie plus que tout, et que quiconque, de nous avoir offert cette chance de partager cela ensemble est évidemment ma fille. Celle qui m'a fait poser les bonnes questions. Et m'a obligé à y répondre. Jade.

Jade

Petits, mon frère jumeau, Marshal, et moi avions reçu de papa un Optimist chacun. Le mien s'appelait *Skipperoo 7* et celui de Marshal *Lightning 7*. Je n'étais pas très douée pour la navigation. Une fois, sur la Swan River à Perth, j'étais dans *Skipperoo* quand il s'est renversé. Je n'arrivais plus du tout à manœuvrer mon bateau plein d'eau. Mon père criait depuis la plage : « Tourne, Jade ! Mais tourne, c'est facile, bon sang ! » Et moi, je pleurais comme une madeleine. Heureusement, il y avait une régate organisée juste à côté et les organisateurs ont stoppé la course afin qu'un agent de la sécurité me ramène sur la plage.

Papa, ça l'a rendu dingue. Lui qui s'est toujours débrouillé sans l'aide de personne, il n'a pas supporté l'idée que quelqu'un d'autre ait dû me porter assistance.

— Mais Jade, tu pouvais facilement t'en sortir toute seule !

Et moi, qui n'arrêtais pas de pleurer :

— Non, je ne pouvais pas !

Je me souviens aussi d'avoir navigué sur le bateau de papa qui s'appelait le *Maillon*. Nous étions à Porquerolles et Marshal et moi sautions dans l'eau pour jouer. Il y avait plein de méduses marron. Je ne me suis pas méfiée, parce qu'en Australie les méduses marron ne piquent pas : on s'amuse à se les lancer, à se les mettre sur la tête comme des chapeaux… Du coup, je me suis fait piquer à la jambe à trois reprises ! Là aussi, j'ai pleuré pendant un long moment. Depuis, j'ai la phobie des méduses. Papa n'a d'ailleurs pas manqué de me chambrer avec ça pendant notre traversée !

J'ai peu de souvenirs de ma vie en France, mais je me rappelle parfaitement une maison avec un petit arbre que j'aimais escalader et des vignes partout autour de nous. Marshal et moi dormions dans la même chambre. Je me souviens aussi que nous allions souvent dans une grotte près de chez nous : la grotte de Gaspard de Besse. Papa emportait une corde et un pique-nique. On avait l'impression d'escalader une vraie montagne. Parvenus en haut, on se glissait dans un trou pour arriver dans une vaste cave souterraine toute noire. On était verts de peur !

À l'époque, elle me paraissait immense, mais j'y suis retournée depuis et je l'ai trouvée beaucoup plus petite ! Plus besoin de corde pour escalader, et on ne passait dans le trou qu'avec difficulté avant d'atteindre cette cave minuscule. C'est assez classique, je crois, de voir les choses différemment quand on grandit ! C'est à peu près tout ce dont je me souviens de la période où mes parents étaient encore ensemble.

Nous avions 4 ans, Marshal et moi, quand mes parents se sont séparés. Notre mère nous a emmenés vivre avec elle à Perth, en Australie. Mon père venait nous voir quasiment à toutes les vacances, donc, même s'il ne nous a pas élevés, il était suffisamment présent pour que je puisse dire : « J'ai un père. » D'ailleurs, jusqu'à mon adolescence, je n'ai pas été très gentille avec les copains de ma mère : j'avais déjà un père, je n'avais pas besoin d'un autre ! Et c'était pareil avec les copines de papa, je ne les ai jamais beaucoup aimées. Comme beaucoup d'enfants de divorcés, je crois.

Jusqu'à mes 16 ans environ, je n'avais jamais compris en quoi consistait le travail de mon père. Lorsqu'il venait à Perth, je le voyais faire son *Destopnews*, son émission sur les régates à travers le monde, et puis je savais qu'il préparait parfois la Coupe de l'America… Mais comme il avait toujours du temps pour venir nous voir quand il voulait, pour moi ce n'était pas un vrai travail. Maman, elle, a une entreprise de recrutement, elle va au boulot tous les matins, c'est facile de voir qu'elle travaille.

Mais toutes les activités de papa, je les ai longtemps considérées comme des loisirs. Aujourd'hui, je sais que j'avais tort dc penser cela.

Sébastien

Le 26 novembre 2021 dans l'après-midi, j'aperçois enfin la côte australienne. Un grand soleil irradie loin devant moi et je peux voir les cargos au mouillage devant le port de Fremantle. Je n'en avais jamais vu autant ! Les conséquences de la pandémie, sans doute.

La veille, mes jumeaux, Jade et Marshal, ont fêté leurs 18 ans. Ce sont mes deux plus jeunes enfants ; ils sont nés le 25 novembre 2003 et, depuis notre divorce, ils vivent à Perth avec leur mère. J'ai toujours eu de bonnes relations avec eux et je le dois à Kim qui me laisse les voir à ma guise. Cela n'a malheureusement pas été le cas avec la mère de mes trois aînés, Florian, Romain et Tiphanie. Mais c'est une autre histoire…

À mon arrivée à Perth, Jade et Marshal ne sont pas là pour m'accueillir. Chacun a sa vie, et c'est normal. Je ne peux pas exiger d'eux qu'ils soient présents pour moi, alors que moi, le navigateur – ou l'aventurier –, je ne l'ai été pour eux que par intermittence.

Je suis parti de la Nouvelle-Calédonie le 8 novembre 2021, soit un an jour pour jour après le départ de mon deuxième Vendée Globe.

Une fois mon bateau réparé à Christchurch huit mois plus tôt, j'aurais pu rentrer directement en France. Mais j'ai alors décidé d'aller rejoindre ma compagne, Marine, qui venait de s'installer en Nouvelle-Calédonie – pas si loin que ça de la Nouvelle-Zélande : à 2 200 kilomètres « seulement ». Nous étions alors en pleine crise sanitaire de la covid-19 et Marine s'est battue comme une lionne pour obtenir les autorisations nécessaires à mon débarquement.

Je suis donc parti de Christchurch le 5 mars 2021 et j'ai mis quatorze jours pour rallier la Nouvelle-Calédonie – ce n'est pas très rapide, mais de toute façon il me fallait faire une quarantaine à bord. Une fois arrivé en Nouvelle-Calédonie et libéré de ces contraintes sanitaires, j'ai retrouvé Marine avec une petite idée en tête : amener *Merci* à Toulon, non pas en passant par le cap Horn, ce qui aurait eu le mérite de flatter mon petit ego, mais en prenant la route de l'ouest, afin d'aller rendre visite à mes jumeaux en Australie-Occidentale. Mon projet était d'arriver à Perth le 25 novembre, le jour de leurs 18 ans. Plutôt cool, mon idée, non ?

Oui, je suis sans doute un aventurier, un saltimbanque. Un touche-à-tout. Ce qui me plaît, c'est de vivre de nouvelles expériences. De pousser l'aventure toujours plus loin. Sans trop me soucier de mon avenir professionnel. J'ai eu 58 ans en août et je n'ai jamais travaillé dans un bureau ; je ne suis quasiment pas allé à l'école non plus. J'ai vécu au gré des occasions qui se présentaient à moi. J'ai organisé ma vie comme je l'entendais. Avec des moments exceptionnels, presque magiques, mais aussi beaucoup de solitude. Une vie entre fous rires, bons mots et souffrances cachées. Celles de l'enfance, qui ne cicatrisent jamais vraiment.

Jade

Cette longue conversation téléphonique avec papa, je ne suis pas près de l'oublier. Je suis trop contente. Il va bientôt quitter Nouméa pour la France métropolitaine à bord de *Merci*, en passant par l'Australie !

Avec l'aide de sa compagne Marine, il vient d'obtenir l'accord des services sanitaires australiens ; à condition que le voyage entre la Nouvelle-Calédonie et Perth se fasse en solitaire et dure plus de quatorze jours, papa est autorisé à entrer dans le pays. Je ne sais pas très bien comment ils ont réussi à soutirer cette autorisation alors que l'Australie est totalement fermée… Les parents avaient choisi de ne rien nous dire avant d'être certains que cela se ferait, sans doute pour ne pas nous donner de fausse joie.

Yes ! Papa vient nous voir, c'est trop trop bien ! Il me dit qu'il va même essayer d'arriver le jour de notre anniversaire. Mais ce n'est pas grave s'il n'est pas là pile-poil le 25 : ça fait tellement longtemps qu'on ne l'a pas vu qu'on ne va pas chipoter pour quelques jours. Je suis tellement heureuse de cette nouvelle que j'en ai les larmes aux yeux.

— Tu restes combien de temps à Perth ?

— Je ne sais pas trop, Jade. Disons une quinzaine de jours.

C'est juste après que je lui propose de ramener *Merci* à Toulon.

— Mais as-tu la moindre idée de ce que cela implique ?

— Non. Je veux juste être avec toi.

Papa était déjà parti de Nouméa quand il a reçu un message des autorités australiennes lui disant que finalement il ne pouvait plus venir. Quand maman m'a téléphoné à l'école pour me faire part de ce problème, je me souviens d'avoir quitté la classe pour aller pleurer dans mon coin. Mais c'est mal connaître papa… Il a réussi à convaincre les services de la police des frontières qu'il n'avait plus le choix. Et qu'il venait quand même.

Sébastien

Quand j'ai entendu Jade au téléphone, je me suis dit : « Ma fille est folle ! Un demi-tour du monde en bateau, elle ne se rend absolument pas compte de ce que cela représente. Elle n'a aucune idée de ce à quoi ressemble ce bateau de course équipé pour des marins solitaires… à moitié fêlés ! »

La plus grande traversée que les enfants aient faite avec moi, c'était entre Toulon et Porquerolles, en 2009. Ils avaient alors 5 ans. Nous naviguions sur un petit bateau qui s'appelle le *Maillon*. Nous avons passé deux ou trois heures en mer et une semaine à la plage au mouillage – du bateau « loisir » comme je n'en fais jamais. La voile n'a jamais passionné mes jumeaux.

D'ailleurs, quand son frère a appris que Jade avait le projet de rentrer avec moi en France sur *Merci*, il lui a tout de suite dit : « N'importe quoi ! Tu es tarée ! Tu vas t'ennuyer, ça va être insupportable ! » Je n'étais pas loin de penser comme lui, mais je ne suis pas intervenu. Quant à sa mère, quoique très inquiète, elle ne s'est pas non plus opposée à la volonté de Jade. Kim et moi avons toujours veillé à ne pas faire rejaillir nos différends conjugaux sur notre rôle parental et à suivre la même ligne éducative vis-à-vis de nos enfants.

Ma relation avec ma fille cadette a toujours été fluide. De tous mes enfants, c'est avec elle que je m'entends le mieux. Même avec Marshal, ce n'est pas aussi évident. Une relation père-fille est plus facile qu'une relation père-fils – en tout cas, dans notre famille, ça a toujours été comme ça. Moi-même, j'étais beaucoup plus proche de ma mère que de mon père.

Même si je ne partageais pas leur quotidien, je voyais très régulièrement Jade et Marshal. Je m'arrangeais pour venir à Perth entre les régates, et même pour régater en Australie. Quant à mon petit boulot de journaliste, je me le suis inventé sur mesure. Il consistait à regrouper les *news* de toutes les courses. Je pouvais le faire de n'importe où, il me suffisait d'avoir une bonne connexion Internet et le tour était joué.

C'est ainsi que j'ai passé des années à faire des allers-retours quatre fois par an entre la France et l'Australie pour garder le contact avec Jade et Marshal. À l'époque, je ne me souciais guère de l'empreinte carbone et j'aimais être traité avec égards par le personnel de la compagnie aérienne grâce au cumul de mes *miles*…

Je reconnais avoir mieux assumé ma paternité avec les deux plus jeunes qu'avec les trois grands. Il est vrai que chacune de mes visites aux jumeaux était un véritable cadeau, pour eux comme pour moi ; ce qui m'encourageait à revenir régulièrement. Avec mes aînés en revanche, j'ai connu tellement de revers et si souvent trouvé porte close que, petit à petit, le lien s'est délité.

Il y a quand même une chose qui m'a rendu digne d'estime aux yeux de mes trois plus grands, c'est ma première participation au Vendée Globe. Ils étaient fascinés par ma petite notoriété à l'époque dans les médias, et même si j'ai terminé bon dernier, loin derrière tout le monde, je sais qu'ils étaient fiers de dire à leurs copains que c'était bien leur père qui passait à la télé. Jade et Marshal, eux, n'avaient pas du tout besoin de ça pour me respecter – en plus, en Australie, personne ne s'intéresse au Vendée Globe. Je pense aussi que le fait que j'aie moi-même un frère jumeau favorise beaucoup ma proximité avec Jade et Marshal. Je suis bien placé pour comprendre leur relation, quoique vouée à se scinder tôt ou tard. D'ailleurs, Jade et Marshal, même s'ils sont très proches et qu'ils s'adorent, ont chacun leur personnalité. Comme Hugues et moi…

Le lendemain de mon arrivée, alors que je suis amarré, en quarantaine, dans le port de Fremantle, j'aperçois enfin Jade de l'autre côté du ponton. Elle est en larmes, évidemment.

— C'est fou comme tu as grandi, Jade.

— Tiens, papa, je t'ai apporté un croissant, j'ai pensé que cela te ferait plaisir.

Elle me le tend à travers la grille d'enceinte du club de voile. Covid oblige, le câlin attendra, le grillage faisant office de barrière sanitaire. Je suis si content de revoir ma fille ! Nous faisons un selfie tous les deux afin d'immortaliser ce moment, souriant et radieux malgré les barreaux qui nous séparent. Et dire qu'on va rentrer ensemble jusqu'à Toulon à bord de *Merci* ! J'ai encore un peu de mal à y croire…

Deux ans et demi pour Jade et trois ans et demi pour Marshal : jamais nous n'avions été séparés aussi longtemps. Cette année, je n'ai pas les moyens de prendre un logement. Jade, aidée par Marshal, a réussi à convaincre sa mère de m'héberger pendant quinze jours. En fait je crois que les enfants n'ont pas laissé le choix à Kim, que je remercie de m'avoir accueilli chez elle.

Cette situation est très particulière, parce que c'est la première fois depuis notre séparation que nous vivons tous les quatre sous le même toit. La cohabitation se passe très bien et je fais même quelques menus travaux dans la maison histoire d'arrondir les angles. La majeure partie de notre temps est consacrée à préparer *Merci*. Il faut notamment nettoyer la carène du bateau, sur laquelle se sont agglomérés des myriades de micro-coquillages ; un sacré boulot ! Cela consiste à descendre sous l'eau et à frotter la coque à l'aide d'une raclette de plâtrier, d'un grattoir ou d'une éponge. C'est une activité très physique. Jade et Marshal m'aident – enfin, Jade bien plus que son frère, qui ne vient qu'une fois, mais qui travaille de nombreuses heures d'affilée !

Il faut la voir travailler, ma Jade ! Son endurance est impressionnante… Ensuite, elle s'attaque au nettoyage de l'intérieur du bateau, surtout à la partie des gouvernails… Là non plus, Jade ne chôme pas. Elle s'investit vraiment à 200 % dans la préparation de ce qui va être son lieu de vie pour les deux mois à venir. Pendant ce temps, Kim nous achète des tonnes de nourriture et tout ce qui est susceptible de rendre la vie sur le bateau un peu moins inconfortable pour notre fille : des assiettes, des gobelets, des bols, des couverts… Tout ce que je n'ai pas pendant le Vendée Globe, où je mange à même les sachets de plats lyophilisés !

Pour remercier ses membres d'avoir hébergé mon bateau, je prends le temps de donner une conférence au Fremantle Sailing Club, celui-là même où j'avais travaillé vingt ans plus tôt. La conférence s'intitule

Tenir le cap, une adaptation de la pièce de théâtre que j'ai jouée sur la scène nationale du Liberté à Toulon, à peine un mois avant mon deuxième Vendée Globe. J'en profite pour présenter Jade aux membres du Club, et Kim parle également de notre projet à quelques journalistes locaux. Une jeune fille de 18 ans qui part à la conquête des océans avec son père, on ne voit pas ça tous les jours, alors la presse fait un peu de bruit autour de son départ. Je suis content qu'elle prenne réellement une place dans cette aventure. En tout cas, elle peut être fière de son sens de l'engagement.

Jade

Papa vient d'arriver à Perth. Cela fait presque trois ans que je ne l'ai pas vu. Il a tout fait pour être là pour nos 18 ans, mais évidemment, il est arrivé avec vingt-quatre heures de retard… C'est tout lui ! Ça me fait vraiment trop plaisir qu'il soit enfin là. Je sais qu'il a dû abandonner son deuxième Vendée Globe et qu'il arrive de Nouvelle-Calédonie, où il était avec Marine, sa nouvelle compagne. Je ne l'ai jamais rencontrée « en vrai », mais j'ai été en contact téléphonique avec elle et je l'ai vue plusieurs fois en visio. A priori, je la trouve assez sympa. En plus, elle a beaucoup œuvré à préparer au mieux notre future traversée.

Alors qu'il est encore en quarantaine dans le port de Fremantle, j'ai enfin pu apercevoir papa. Je lui ai apporté un croissant. Je savais que cela faisait deux jours qu'il était arrivé, mais avec la covid, le règlement du débarquement était drastique. En m'approchant de lui, j'ai été super émue. Quand il a pu enfin sortir de sa quarantaine, bien sûr nous avons partagé plein de bons moments, mais surtout nous nous sommes concentrés sur la préparation de notre voyage.

Pendant la quinzaine de jours qu'il a passés à Perth, mon père a habité chez nous – Marshal et moi avions dû beaucoup batailler avec maman pour qu'elle accepte de l'héberger. D'ailleurs elle s'en est régulièrement servie pour nous mettre la pression, du genre : « Si tu ne te comportes pas mieux, ton père ira loger ailleurs. »

Quand on se retrouvait à table tous les quatre, c'était très bizarre pour mon frère et moi, parce que nous n'avions pas vécu ça depuis nos 4 ans. Un soir, nous avons même fait une partie de Monopoly, comme quand on était petits. J'ai adoré que papa et maman soient présents tous les deux pour nos derniers jours de lycée et pour la cérémonie de fin de scolarité et la remise des prix d'excellence. À chaque fois que j'étais appelée sur scène, j'entendais Marshal et papa crier mon prénom, ce qui me gênait beaucoup, mais en même temps me faisait plaisir ! Évidemment, ils ont récidivé pour mon tout dernier spectacle annuel de l'école de danse où j'ai passé dix ans de ma vie – en tant qu'élève bien sûr, mais aussi en tant que professeure bénévole pendant les cinq dernières années. À l'issue du spectacle, j'ai un peu râlé pour la forme en leur disant que j'avais été très mal à l'aise vis-à-vis des autres danseurs d'entendre mon prénom scandé par ma famille, mais ils s'en fichaient royalement : ils étaient contents d'être là et de le faire savoir !

Je me suis demandé quelle aurait été notre vie si nos parents n'avaient pas divorcé… Cette petite période de cohabitation me laisse un souvenir très particulier et je sais combien maman a pris sur elle pour que ça se passe bien. J'aurais dû la remercier un peu plus pour cela.

On a mis un temps fou à nettoyer *Merci* de fond en comble. J'ai dû décaper deux fois de suite l'intérieur du bateau, qui était tout poisseux à cause de l'huile hydraulique qui avait fui partout, ce n'était pas très agréable. C'était l'été en Australie et il faisait tellement chaud ! On a aussi nettoyé la coque du bateau en plongeant avec masque et tuba. J'ai même appris à me servir d'un narguilé, une sorte de compresseur qui envoie de l'air au plongeur via un tuyau d'arrosage. Avec ce truc, on a parfois passé jusqu'à six heures sous l'eau à frotter la coque… Une fois, Marshal est venu nous aider pendant toute une journée. Même si c'était dur, je garde donc de bons souvenirs de cette période. Et puis j'ai pu inviter mes copines à visiter ce qui serait mon cadre de vie durant les deux prochains mois : c'était important pour moi qu'elles le voient ! Mes bagages ont été vite bouclés, je n'ai quasiment rien emporté :

deux shorts et quelques tee-shirts glissés dans un sac étanche. Papa et Marine m'avaient acheté des vêtements de mer très spéciaux. Quant à mes autres affaires, j'en ai donné une partie à une association et j'ai laissé le reste chez maman.

Nous avons aussi passé beaucoup de temps à faire des courses pour la durée maximale de jours en mer que nous avions prévue, c'est-à-dire soixante (il y en a eu soixante-huit en réalité). Il a fallu faire des comptes très précis pour être sûrs de ne manquer de rien, mais aussi pour ne pas emporter plus que nécessaire. Ce qui était drôle, c'était d'arriver au supermarché et d'acheter sept pots de miel, une vingtaine de conserves de poisson, six kilos de riz, six kilos de polenta… Il fallait voir la tête des gens quand nous sommes passés à la caisse ! Acheter autant de choses en si grandes quantités, ce n'est pas très courant dans nos supermarchés !

Maintenant que le départ est imminent, je me pose beaucoup de questions. Comment la traversée va-t-elle se passer ? La cohabitation à bord avec mon père me « questionne » un peu, car nous n'avons jamais vécu autant de temps ensemble, encore moins dans un endroit aussi exigu. Je ne suis pas trop inquiète. Je sais que je veux passer du temps avec lui. Je l'ai décidé et je ne changerai pas d'avis. Même si quelques doutes trottent dans ma tête…

Sébastien

— Jade, tu sais, une fois les amarres larguées, tu ne pourras plus changer d'avis. Alors réfléchis bien, tu as encore le temps.

— Non, c'est bon, papa ! Je t'ai dit que je venais, je viens !

Je lui ai demandé une dernière fois si elle était sûre de vouloir partir et elle m'a répondu par l'affirmative, très sûre d'elle. Je lui ai réexpliqué quelles seraient les conditions de la traversée. Est-elle vraiment prête à quitter son petit palais de 450 mètres carrés à Perth, avec lit *king-size*, douche quotidienne, piscine, etc., pour se retrouver dans la cabine d'un bateau qui n'excède pas 5 mètres sur 2, avec uniquement deux bannettes pour dormir et sans aucun confort ?

J'appréhende le manque d'intimité qu'implique notre cohabitation dans un si petit espace et qui risque de lui être pénible – à elle plus qu'à moi. C'est surtout cet aspect-là qui me tracasse un peu. Je demande à sa mère d'aborder avec elle le sujet très sensible que seules les femmes connaissent. Mais elle est bel et bien décidée à partir, ma Jadounette.

Le loup solitaire que je suis va donc rallier Toulon avec sa fille de 18 ans à bord de *Merci* ! Une sacrée aventure de quasiment deux mois nous attend…

En général, quand on a un projet, on étudie les possibilités et les conditions de sa réalisation avant de l'entreprendre. J'ai toujours fait l'inverse : je décide d'abord et réfléchis ensuite. Il semble que ce soit pareil pour ma fille. C'est comme ça qu'elle a décidé de partir avec moi sur *Merci*. Et c'est de cette façon que j'étais moi-même parti pour mon premier Vendée Globe.

Jade

J’ai toujours été très portée sur l’écologie, sans doute grâce à Greta Thunberg, en qui je vois un modèle. J’ai même dansé en solo sur un de ses discours lors du spectacle annuel de mon école de danse. Papa n’aime pas trop Greta, mais il adore ce solo que je lui ai envoyé en vidéo.

Quand j’avais 13 ans, un de mes professeurs de l’école Santa Maria a proposé à chaque élève de présenter un projet. Comme je ne supportais plus les milliers d’assiettes et de couverts en plastique utilisés à la cantine, j’ai suggéré de les remplacer par des ustensiles plus écologiques. J’ai essuyé un premier refus, et après que papa m’a aidée à monter un bon dossier, le gérant de la cantine a finalement décidé de faire de notre école un établissement pilote en la matière : il a accepté d’éradiquer tout le plastique au profit d’une vaisselle jetable en fibres de canne à sucre 100 % bio, que j’avais dégotée de l’autre côté du pays, à Cairns.

Au bout de six mois, non seulement mon école a adopté cette solution à long terme, mais dix-neuf autres écoles de l'État d'Australie-Occidentale ont suivi son exemple. À l'époque, mes parents n'arrêtaient pas de me dire combien je pouvais être fière, alors que pour moi il fallait seulement que ce soit fait, peu importe par qui.

Je porte les cheveux longs depuis très longtemps et ma mère ne veut absolument pas que je les coupe. L'autre jour, papa m'a signalé que les cheveux longs peuvent devenir un vrai calvaire quand on est en haute mer : on ne peut pas les laver comme on veut, avec l'humidité permanente ils ne sèchent jamais. Du coup, hier, veille de notre départ, j'ai demandé à mon frère de me les couper ! Évidemment, papa a filmé la scène où Marshal joue les apprentis coiffeurs avec sa sœur comme cobaye, et c'est très drôle. Sauf pour maman ! Quand elle est rentrée du travail et a découvert ce que nous avions fait, elle est devenue dingue et m'a emmenée sur-le-champ chez le coiffeur pour tenter d'« arranger ce désastre ».

Quant à moi, je suis assez satisfaite de ma nouvelle coupe. J'ai ramassé ma longue chevelure, l'ai mise dans une grande enveloppe et suis allée à la poste pour l'envoyer à une association qui fabrique des perruques à base de cheveux naturels pour les femmes victimes du cancer.

Jade

Demain, papa et moi embarquons sur *Merci*. Mes cheveux auront largement le temps de repousser avant que je revienne en Australie dans un an ou plus – on verra bien !

Sébastien

Du haut de ses 2,05 mètres, Marshal court à grandes enjambées sur le quai. Il saute par-dessus les barrières, puis de caillou en caillou, jusqu'au phare de sortie de port. Sa mère essaie bien de le suivre, mais elle n'est pas assez rapide. Nous passons à quelques mètres du bout de la jetée, où Marshal arrive juste à temps pour lancer un dernier au revoir à sa sœur jumelle.

Du coin de l'œil, je l'aperçois qui tient le phare à deux mains, sans doute pour ne pas s'effondrer. J'assiste à leurs derniers regards, leurs derniers mots, leurs derniers adieux, leurs derniers « *I love you !* » criés pour couvrir le vacarme du Fremantle Doctor, ce vent puissant qui souffle dans la baie aujourd'hui… Mais ce n'est pas le moment de s'attendrir.

— Jade ! Tu viens, tu te bouges, tu te mets à la colonne de winch, tu winches avec moi et on va envoyer la grand-voile tout de suite ! Sèche tes larmes et aide-moi. Ça urge !

Nous sommes le 13 décembre 2021, nous venons de quitter le port de Fremantle en Australie-Occidentale. Notre destination ? Toulon, en France, à quelque 20 000 kilomètres et deux mois de navigation de là. Très vite, *Merci* s'éloigne irrémédiablement vers cet horizon qui nous cache encore tout ce qu'il décidera de nous offrir.

C'est la première fois que les jumeaux vont être séparés pendant plusieurs mois. Il n'y a plus que Jade, *Merci* et moi, qui venons d'entreprendre ce grand voyage en voilier, la « route de Jade », comme nous l'avons appelé.

Ma fille n'a jamais réellement navigué, elle ne sait pas ce qu'est une drisse, elle ne sait pas se tenir debout sur un bateau. *Merci* s'ébroue et, alors que j'ai veillé à bien réduire la toile, il s'élance déjà à environ 15 nœuds. Pour moi, il est au ralenti ; mais pour Jade, cette vitesse est impressionnante.

Avec le recul, je sais bien que j'aurais dû réduire encore davantage les voiles pour naviguer au calme, au moins les premières heures, au moins la première nuit. Juste pour être tranquille et que Jade n'ait pas peur tout de suite. Mais je n'ai pas pris la mesure de ce que pouvait ressentir une néophyte totale. Quand j'y repense, je m'en veux de ma négligence !

Évidemment, je n'ai pas besoin de Jade pour manœuvrer, mais comme elle est en train de pleurer assise toute seule à l'arrière du bateau, j'essaie de la secouer un peu en la mettant au boulot. Ça lui changera les idées de tourner les manivelles pendant vingt minutes afin d'envoyer l'immense grand-voile.

C'est cela, un voyage en bateau – surtout sur un Imoca du Vendée Globe : on largue les amarres et aussitôt on se retrouve dans un autre monde, loin de tout repère. *Merci* n'est pas un bateau de croisière. Il n'y a pas de douche, pas d'eau chaude, pas de toilettes, pas de cuisine hormis un maudit réchaud ; bref, aucun confort, et encore moins d'intimité.

Je ne mesure pas à quel point le choc est violent pour Jade. La seule chose qui me rassure, c'est qu'elle n'a plus le choix. Elle ne peut plus dire : « C'est trop dur, je renonce. » Une fois en mer, on ne peut pas descendre ! On est partis, il faut aller jusqu'au bout.

Lorsque nous quittons l'Australie avec nos soixante jours de vivres, aucune escale n'est prévue avant Toulon. Bien sûr, je trouverai toujours des points d'arrêt en cas de nécessité, mais cela n'est pas inscrit sur la feuille de route. De toute façon, la première terre possible, c'est La Réunion ou Madagascar ; et avant de l'atteindre, il faut se taper ce grand sadique d'océan Indien.

Jade

Quand papa a participé à son premier Vendée Globe, je n'ai pas beaucoup suivi son aventure. J'avais 13 ans, j'étais en deuxième année de *high school* et lui finissait toujours dernier, il n'y avait pas un gros suspense... Ma mère me tannait pour que j'écrive des e-mails à papa et lui donne de mes nouvelles, mais je ne l'ai pas beaucoup fait. Elle avait beau me le répéter toutes les semaines en me disant que ça lui ferait plaisir, je n'ai pas été la meilleure des filles à cette époque. J'avais toujours autre chose à faire...

Maintenant que j'ai vécu une traversée sur *Merci*, je sais combien on s'ennuie sur un bateau et à quel point ça fait plaisir de recevoir des nouvelles du monde extérieur. Et je m'en veux rétrospectivement de lui avoir si peu écrit pendant qu'il était en mer. Je me souviens en revanche de la fois où il s'est fracturé les côtes ; je l'ai appris alors que j'étais en classe et j'étais tellement inquiète et triste pour lui que j'ai demandé à quitter le cours pour aller pleurer dans les toilettes. Après tout, je n'en avais peut-être pas complètement rien à faire du Vendée Globe, même si je n'avais pas mesuré l'importance de l'événement.

Et puis il y a autre chose, c'est que ce Vendée Globe tombait au moment de notre anniversaire, de la fin de l'année scolaire (en Australie, les vacances d'été commencent à la mi-décembre), des spectacles de mon école de danse et de Noël ! Ça ne me plaisait pas du tout que papa manque tout ça pour être en mer sur son bateau. Dans ma vie, j'ai dû passer seulement trois ou quatre Noël avec lui, et à cause du Vendée Globe, il ne serait pas là une fois de plus.

Alors oui, j'avais peur pour lui ; mais surtout, je lui en voulais de faire passer son bateau avant nous.

Sébastien

Avec ce vent fort, la manœuvre pour sortir du port de Fremantle est délicate. Andrew, le maître de port, me passe une remorque pour nous aider et nous guide dans le chenal dont la profondeur suffit à peine pour un bateau de la taille de *Merci*. Il nous indique l'endroit où il y a le plus de fond, puis il fait demi-tour et nous laisse terminer notre sortie tout seuls. C'est là que ça se gâte.

À peine la remorque larguée, 200 mètres plus loin, le moteur électrique de *Merci* tombe en rade. Plus de jus dans les batteries ! Là, il faut réagir vite : nous sommes drossés à la côte et nous rapprochons dangereusement des cailloux.

Je déroule en urgence la voile d'avant afin de prendre un peu de vitesse et éloigner *Merci* de la terre. Sur un Imoca, hisser une grand-voile de 170 kilos et 160 mètres carrés est très dur et très long, et cela amène le bateau à prendre beaucoup de gîte. Je demande de l'aide à Jade, pensant qu'un peu d'activité la détournera de son coup de blues. Il faut imaginer le bruit que fait un bateau de ce type tout en carbone, ça résonne comme un tambour, c'est impressionnant. Je ne me rends pas bien compte que pour ma fille ce départ est un grand choc, à tous points de vue. En quelques minutes, elle passe de la tristesse à la terreur.

Heureusement, le danger est écarté après quelques minutes de stress et je ne peux m'empêcher de sourire : on a eu chaud sur ce coup ! J'aurais vraiment eu l'air malin si le bateau était parti aux cailloux : j'aurais été obligé de demander assistance dès la sortie du port de Fremantle !

Mais on n'est pas encore tirés d'affaire : dès que nous nous sommes éloignés de la côte et que le vent s'est un peu calmé, nous heurtons quelque chose – un casier de pêche, j'imagine… Et maintenant il y a deux impacts, dont un dans le gouvernail. Cela m'est déjà arrivé lors de mes précédentes courses et cela l'avait cassé en deux. J'arrête donc tout de suite le bateau pour vérifier que rien n'est abîmé. J'essaie de mettre *Merci* le plus possible sur la tranche, puis je me harnache, m'attache avec une drisse et je marche sur la coque pour voir en dessous s'il n'y aurait pas des impacts ou de petits accrocs. Pour moi, c'est la routine, mais pour Jade qui me regarde faire, c'est très angoissant. Elle craint que je ne tombe à chaque instant. Bien sûr, il y a toujours un risque : le harnais peut se rompre, la drisse lâcher... Mais le danger est mesuré et je sais ce que je fais.

Moins de vingt-quatre heures après le départ, nous rencontrons déjà les premières vraies difficultés techniques. En l'occurrence, ce n'est pas si grave, rien n'est cassé, mais si le safran avait été touché, il aurait fallu faire demi-tour et retourner à Perth pour installer le safran de secours que nous transportons, puisque nous sommes encore à portée de voile du port.

Jade est parfaitement consciente de son incompétence. Il ne faudrait pas qu'il m'arrive quoi que ce soit sur le bateau, car elle ne saurait pas quoi faire. Je décide de lui faire un briefing dès qu'elle ira mieux. Pendant ces premières vingt-quatre heures, j'aurais dû être plus attentif à sa situation et aller plus doucement. Je ne m'étais pas aperçu qu'elle était très stressée de ne pas savoir ce qui se passait ; de mon point de vue, j'avais tellement sécurisé le bateau qu'il n'y avait pas de problème. Mais si c'était à refaire, je l'informerais davantage, je la rassurerais, et surtout, j'irais moins vite.

Chez nous, on n'a jamais versé dans l'empathie larmoyante. On n'est pas du genre à dire : « Ma pauvre petite chérie, tu pleures, qu'est-ce qui ne va pas ? » Plutôt que d'essayer de la consoler, je me montre serein et confiant. Je suis sur le bateau, tranquille, à rigoler et à déconner, pour qu'elle comprenne bien qu'il n'y a aucune raison de s'inquiéter et que je gère la situation. J'ai fait le Vendée Globe, un tour du monde en solitaire sans aucune assistance, alors je connais déjà tous les problèmes potentiels de notre navigation à venir. Et là, franchement, je sais que nous ne risquons rien.

Cela ne m'empêche pas de craindre pour sa sécurité à bord. J'ai peur qu'elle se mette en danger par une bêtise, un déplacement maladroit, par exemple. Elle ne sait pas comment on marche sur un bateau, elle n'a pas d'équilibre, elle marche les jambes écartées en faisant de tout petits pas ! Un bateau, ce n'est pas stable, ça bouge tout le temps. Il y a des réactions à avoir que je connais parfaitement, que j'anticipe, parce que j'ai l'habitude. Mais Jade se trouve dans un environnement dangereux pour elle. Je ne lui ai rien appris avant d'embarquer – parce que les mouvements d'un voilier, ça ne s'apprend pas dans une salle de classe, ça se vit. Par exemple, on ne s'assoit pas les jambes croisées : si on n'a pas les deux pieds campés sur le pont et qu'il y a une vague et une secousse, on tombe. Au début, je la surveillais constamment, parce que si elle était tombée à l'eau, ça n'aurait pas été évident d'aller la chercher. Bien sûr, je sais comment manœuvrer le bateau, mais rien ne m'aurait garanti que je la retrouve : tout prend tellement de temps sur ces gros bateaux que les distances parcourues avant de faire demi-tour sont gigantesques… C'est un danger bien réel et, finalement, je suis assez content qu'elle soit malade au début et qu'elle ne sorte pas de sa bannette.

La première nuit est horrible pour Jade. Elle ne dort pas du tout. Entre la tristesse d'avoir quitté ses amis, son frère, sa maman, et la peur sur le bateau, c'est pour elle une vraie plongée dans l'inconnu. Elle a troqué sa petite vie tranquille et cossue contre une aventure où rien ne lui est familier… Je la regarde et me dis qu'elle ne touche même pas encore la surface de l'immensité de ce qu'elle vient d'entreprendre.

Jade

— J'ai l'impression de m'être un peu trop précipitée en insistant pour ramener le bateau à Toulon avec toi. Cette aventure me paraît au-dessus de mes capacités. J'aurais probablement dû y réfléchir un peu plus, c'est quand même un voyage de deux mois en mer… Je suis vraiment désolée et me sens extrêmement stupide d'avoir pris cette décision.

Ce sont les premiers mots que j'ai adressés à mon père peu après notre départ. Il m'a rassurée en me disant que les conditions allaient s'améliorer lorsque nous nous écarterions du continent australien. À mon avis, papa n'a pas compris à quel point je suis terrorisée, parce que, de son point de vue, tout ce qui se passe sur le bateau est normal. Naviguer à 15 nœuds, c'est vraiment la routine pour lui ; mais pour moi qui n'ai pas l'habitude, c'est l'angoisse !

Au moment des adieux, avant d'embarquer, j'ai serré dans mes bras mes trois amies venues me saluer, puis maman. Quand est arrivé le tour de Marshal, j'ai fondu en larmes. Je suis montée sur le bateau et me suis assise à l'arrière, près de la barre, tout en continuant à sangloter. Cela m'a semblé étrange, car jusqu'à ce moment, je n'avais pas vraiment réalisé que nous allions partir. Nous avions pourtant préparé minutieusement ce voyage pendant les deux semaines précédentes, mais pour moi rien n'était encore concret. C'est lorsque nous avons largué les amarres que je me suis dit : « Là, on est partis, on est vraiment partis. » Et je me suis pris cette vérité en pleine face !

Il y avait beaucoup de vent et le bateau allait très vite. Quand il a vu que je pleurais dans mon coin, papa m'a demandé de venir l'aider avec le winch. Je sais qu'il pouvait se débrouiller tout seul, mais il voulait me donner quelque chose à faire pour me forcer à penser à autre chose. J'avais déjà essayé d'utiliser le winch au mouillage dans le port, c'est la seule chose que je savais faire sur un bateau, mais je n'avais jamais fait ça en pleine mer. Il y avait beaucoup de vent et après la manœuvre je suis immédiatement descendue dans la cabine en me demandant : « Mais qu'est-ce que je fous là ? »

Le bateau, et surtout *ce* bateau, je ne le connais pas du tout. Ma seule expérience sur un voilier, à part l'Optimist, c'était sur le *Maillon* de mon enfance, un bateau de croisière de 7,30 mètres qui n'avançait pas bien vite. Sur *Merci*, à peine une demi-heure après avoir quitté Perth, nous ne voyons déjà plus la côte. Nous allons très vite et le bateau gîte tellement que j'ai l'impression qu'il va se coucher sur le flanc. « Pourquoi ça se passe comme ça ? Pourquoi y a-t-il autant de vagues et un vent aussi fort ? Est-ce normal que le bateau aille à cette vitesse ? Et ce boucan à l'intérieur ? » Toutes ces questions s'entrechoquent dans ma tête…

Une heure après le départ, j'envoie déjà des messages à tous mes amis avant que nous n'ayons plus de réseau. Je commence déjà à me sentir exclue de ce qu'ils vivent – et ce sentiment ne fera que s'accroître pendant toute la traversée. Et puis je suis malade. Maman nous a acheté des sushis. Le poisson cru, ce n'est pas top quand on a le mal de mer… Papa m'a demandé si je pouvais avaler quelque chose, j'ai essayé, mais j'ai vomi tout de suite. La première nuit, entre le mal de mer, la tristesse d'avoir quitté Marshal et tous mes amis et la peur que le bateau ne se renverse, je n'ai pas pu fermer l'œil. Je me suis sentie vraiment incapable de continuer cette traversée. J'ai sincèrement pensé demander à mon père de me ramener au port. Mais y penser, c'est une chose, oser le demander, c'en est une autre ! Et puis je suis du genre tenace : quand je commence un truc, je le finis. Papa nous a toujours dit : « On ne lâche pas prise dans la famille. »

Le lendemain matin, après cette nuit horrible, la première chose que je me dis, c'est : « OK, nous ne sommes pas morts, nous allons peut-être survivre encore un peu, ça va aller. » Le soleil généreux qui illumine le bateau m'aide à relativiser… Et papa me rassure encore en me disant que je vais m'habituer aux bruits et que je serai de moins en moins malade. Je me mets à compter les jours. Je sais que nous partons pour environ deux mois, alors je pense : « Une nuit de passée, plus que cinquante-neuf autres ! » Durant toute la première partie du voyage, tous les jours, j'ai calculé le pourcentage de temps qui restait avant l'arrivée, et cela m'a aidée à tenir.

Une peur ne m'a pas quittée du début à la fin de la traversée : celle qu'il arrive quelque chose à papa. S'il se blessait ou, pire, s'il tombait à l'eau, je serais incapable de l'aider. Quand j'ai commencé à me sentir mieux, il m'a fait un briefing sur la sécurité à bord : comment se déplacer, comment s'asseoir, comment jeter ses seaux pour éviter que tout ne nous revienne dessus. Il m'a montré les balises de détresse, pour le cas où il arriverait quelque chose de très grave qui nécessiterait une aide extérieure. Il m'a également expliqué le fonctionnement du satellite, afin que je puisse appeler mes oncles qui sauront me guider au téléphone.

Et puis – et c'est le plus important –, il m'a décrit la procédure qu'il avait imaginée si jamais il tombait l'eau :

— Tu ne t'occupes pas de moi, Jade, car tu ne pourras jamais manœuvrer *Merci* pour venir me chercher. Notre meilleure chance de survie, c'est que tu arrêtes le bateau et te mettes en sécurité. Tu dois absolument te concentrer sur la chose suivante : tu prends ce couteau et tu coupes le haubanage ici. Le mât devrait tomber à l'eau comme ça, ce qui stoppera immédiatement le bateau. Ensuite, tu appuies sur ce bouton-là et tu attends les secours. Une fois que tu as fait ça, tu peux commencer à pleurer si tu veux, mais pas avant s'il te plaît, sinon je n'ai aucune chance de m'en sortir... et toi non plus.

Sur le bateau, je peux vraiment faire la distinction entre l'essentiel et le superflu. Je me rends compte de tout ce que j'avais avant mon départ, de la vie privilégiée que je menais dans ma grande maison moderne, avec piscine, lit *king-size*, salle de bains, toilettes, dressing... C'est en vivant à bord avec le strict minimum que j'en prends conscience. Je ne m'imaginais pas pouvoir me passer de mon confort quotidien ; mais en réalité, avoir un endroit où dormir, de quoi manger et boire et quelqu'un avec qui discuter, cela me suffit. Je n'ai certes pas les compétences pour naviguer en solitaire, mais au-delà de cet aspect pratique, je comprends qu'avoir de la compagnie est primordial pour moi – surtout dans un tel voyage. Au moins, quand je me sens trop seule, je peux aller voir mon père pour parler un peu avec lui. Sa présence rassurante me rend les choses tellement plus faciles.

Sébastien

Cela fait trois jours que nous sommes partis et Jade se sent toujours aussi fatiguée par le mal de mer et les diverses émotions qui la traversent. Son frère et ses amis lui manquent beaucoup. Elle a dormi onze heures non-stop. Pour essayer de lui remonter le moral, je lui ai fait des œufs brouillés pour le petit déjeuner. Cela lui a rappelé la maison et l'a un peu revigorée.

Marshal nous a envoyé de ses nouvelles de Kalgoorlie, une petite ville située à 500 kilomètres à l'est de Perth. Ayant été recruté par l'équipe de basket de la ville, il y passe un certain nombre d'entretiens, car il a six propositions d'emploi et il va devoir faire un choix. L'an prochain, il part pour les États-Unis où il a reçu une bourse pour entrer dans une grande université en tant que joueur de basket. Nous sommes vraiment ravis pour lui.

Jade s'est enfin amarinée et le mal de mer est passé. Nous entamons donc la routine de la navigation au long cours. Nous prenons une route nord-ouest, afin de rendre le bateau le moins inconfortable possible. Ce n'est pas le trajet le plus rapide, loin de là, mais les conditions auraient été beaucoup plus dures si nous avions suivi la route sud. J'ai aussi aménagé ma façon de naviguer pour que ce soit moins pénible pour ma fille. Je m'applique toujours à avoir non pas la voile adaptée au temps, mais une voile en dessous, ce qui réduit l'allure du bateau. J'anticipe les moindres changements météo pour réagir à temps, sans me laisser surprendre. Mais il y a une autre raison à toutes les précautions que je prends : ce bateau a déjà fait les deux tiers d'un tour du monde sans aucune révision. Je dois donc veiller particulièrement à l'usure du matériel pour ne pas risquer de casser quelque chose d'important.

À la grande surprise de Jade, je ne suis pas du tout débordé sur le bateau. Comme beaucoup de gens, elle pensait que lorsqu'on fait un tour du monde en solitaire on est toujours actif ; mais c'est loin d'être le cas ! La météo ne change pas toutes les cinq minutes, et quand en plus on se trouve dans une zone très tempérée, la navigation est plutôt paisible. J'ai l'habitude de « m'ennuyer » sur un bateau – c'est-à-dire que je ne m'ennuie jamais : j'écris, je me raconte des histoires… Mais pour Jade, l'ennui a été terrible au début, je l'ai vu.

Afin qu'elle ait tout de même un minimum de confort, je lui ai réservé les deux bannettes latérales, avec des matelas supplémentaires pour qu'elle puisse se caler, se dorloter. Pour lui permettre d'avoir un peu d'intimité, j'ai installé aussi un petit rideau, à travers lequel on ne peut voir que d'un seul côté – ce qui fait que quand elle est dans sa bannette, elle voit tout et je ne vois rien. C'est son petit refuge, elle y passe beaucoup de temps à lire les cinquante bouquins qu'elle a téléchargés sur le Kindle qu'une amie lui a offert juste avant son départ.

Je me rends compte combien cette période d'adaptation est difficile pour Jade. D'un seul coup, elle qui était si active n'a plus rien à faire, plus de copines avec qui sortir… Elle est seule avec elle-même. Elle lit et dort beaucoup. Sur un bateau, il faut apprendre à s'ennuyer. Il faut utiliser ces longues plages pour réfléchir, penser, regarder, se recentrer sur soi-même. Ces longs moments d'inaction sont une grande découverte pour elle. Cela fait partie de l'apprentissage de la vie en mer.

Jade

Les trois premiers jours, j'ai vécu l'enfer à bord du bateau. Entre le mal de mer et le fait d'avoir quitté mes proches, en passant par l'angoisse de la découverte de la vie sur *Merci*, je n'ai fait que dormir et vomir. Papa a essayé de me faire barrer – il paraît que ça aide à surmonter le mal de mer –, mais je n'ai tenu qu'une heure. Avec moi à la manœuvre, le bateau ne filait pas droit, nous faisions plein de zigzags. Je n'ai plus jamais barré de toute la traversée.

Papa est très attentionné avec moi, il me prépare toujours à dîner, pour que je mange un peu quand même. Ça me rend mal à l'aise vis-à-vis de lui : il est avec sa fille ado qui n'y connaît rien à la voile, et lui il trime à s'occuper du bateau et à cuisiner pour moi en espérant que j'irai mieux le plus vite possible. Non seulement je ne lui suis d'aucune aide, mais en plus je vois bien que je l'inquiète, à être malade comme ça. Je me sens comme un boulet.

Marshy me manque ; en même temps, il fait tellement partie de moi que j'ai parfois l'impression qu'il est là.

C'est bizarre d'être seule au milieu de l'océan… Bien sûr, je savais déjà que ma petite personne était insignifiante au regard de l'univers ; mais en contemplant le coucher de soleil aujourd'hui, j'ai pensé à tous les océans de la planète en me disant que des animaux préhistoriques y avaient vécu il y a des millénaires ; et que les Vikings, Christophe Colomb et James Cook y avaient navigué des siècles auparavant… Ces immensités ont existé bien avant moi et existeront bien après… Je crois que les océans recèlent un vrai pouvoir. À première vue, ils paraissent uniformes, mais à y regarder de plus près, on se rend compte que chaque vague, chaque crête est différente des autres. Ma cousine Mathilde l'a d'ailleurs écrit dans son texte « Fragilités joyeuses », que papa a slamé sur son album *Merci* :

Regarde et interroge cet océan,
Calme ou en furie, il semble unique, et pourtant…
Pas une vague ou un embrun ne se ressemble,
C'est notre œil humain, trop pauvre, qui les assemble.

Les abysses, impénétrables à nos yeux, regorgent de vie cachée. Qui sait ce qui se passe à des centaines de mètres sous notre coque ? Si les dieux existent, ils doivent se dissimuler au fond des océans…

Pour la première fois, c'est moi qui prépare le déjeuner, mais je mélange mal l'eau chaude et la poudre, et le plat ne se réhydrate pas complètement. Si même ça, je ne sais pas le faire, je ne sers vraiment à rien ! Papa, lui, est occupé sur le bateau, il m'impressionne. Il ne laisse rien au hasard : dès qu'il entend un bruit suspect, de jour comme de nuit, du mât à la coque, il va tout de suite voir ce qui se passe. En l'occurrence, la drisse de la grand-voile a été mal montée au départ de Perth, elle est torsadée tout en haut du mât et risque donc de s'abîmer à cause des frottements. Il faut affaler la grand-voile sur le pont et rattacher correctement la drisse. Le plus difficile est de remonter la voile ensuite. Heureusement, les conditions météo sont bonnes et le bateau n'avance qu'à faible allure.

Je suis un peu triste d'avoir si peu de nouvelles de mes amis. À bord, nous avons WhatsApp, je peux donc communiquer avec eux, mais je vois passer beaucoup de messages qui parlent des fêtes et des autres sorties qu'ils font tous ensemble à Perth. J'ai eu 18 ans le 25 novembre et cet été marque aussi la fin du lycée pour mes amis et moi. Ce sont vraiment des grandes vacances très « spéciales » pour nous : on fête le bac, notre majorité… Ce qui me fait de la peine, ce n'est pas de manquer toutes les soirées (je ne suis pas très fêtarde), mais d'être la seule à ne pas y aller. Je me sens exclue. Tout le monde s'amuse sans moi. Mes amis ont une vie tout à fait normale, alors que moi je suis coincée sur un bateau avec mon père ! Le proverbe « loin des yeux, loin du cœur » ne m'a jamais paru aussi vrai ! Même si ce n'est pas facile, je devrais relativiser un peu : après tout, c'est moi qui ai fait le choix de partir ! Mes amis ne vont pas s'empêcher de vivre parce que je ne suis pas là ! Ils n'ont pas à se préoccuper de mes états d'âme. Je le comprends, mais ça me rend de mauvaise humeur. Papa essaie de me divertir en m'apprenant à jouer à la bataille. Je ne connaissais pas ce jeu. J'aime la façon qu'il a de me réconforter. Même s'il ne le fait pas avec des mots – papa n'est pas très bon quand il s'agit de parler à cœur ouvert –, il arrive à me changer les idées, en l'occurrence en jouant aux cartes avec moi. En plus, je gagne quasi à chaque fois, ce qui ne gâche rien !

À cause d'un orage qui nous a fortement secoués toute la nuit, j'ai de nouveau été malade. Je déteste quand le bateau joue à saute-mouton sur une vague et qu'il s'écrase sur celle d'après. Cela me fait gonfler l'estomac et j'ai l'impression d'être sur des montagnes russes sans fin.

Je reçois un message de ma meilleure amie, Alice, qui m'informe que les résultats du bac sont tombés ! Je demande à papa l'autorisation d'utiliser la connexion par satellite pour accéder au portail des résultats sur Internet. En arrivant sur la page d'accueil, je suis un peu stressée, et papa rigole de voir mon index flotter un bon moment au-dessus de la touche « Obtenir ses résultats ».

Là, je constate que j'ai eu 97,6 sur 100, ce qui est une très bonne note, la meilleure de ma classe et de mon lycée. Ça équivaut à 19 sur 20 pour le baccalauréat français. En revanche, je suis carrément déçue de n'avoir eu que 60 sur 100 en danse (12 sur 20), alors que j'ai eu 95 sur 100 toute l'année dans cette matière. Qu'est-ce que j'ai bien pu faire pour rater à ce point mon épreuve écrite de danse ? Moi qui m'imaginais être la meilleure de tout l'État en danse, je me suis bien plantée ! Papa trouve que ce sont déjà des notes extraordinaires et que je devrais être fière d'avoir eu de tels résultats. Il me dit qu'il est très content pour moi, cela me touche.

Cela fait une semaine que nous avons quitté Perth et j'ai parfois la nostalgie de la vie que j'ai laissée sur le continent. Avant notre départ, Marshal a gravé avec son couteau « *Love you Jady* » sur une marche du bateau. Quand je suis un peu triste, je regarde son message et cela me réchauffe le cœur. Je sais maintenant qui sont mes vrais amis, ceux qui ne m'oublient pas et qui cherchent à me rassurer, même à distance. Alice et Kelsey en font partie. Avec elles, les échanges sont équitables, ce n'est pas toujours moi qui prends l'initiative d'envoyer un message pour demander des nouvelles. Je fais le tri parmi mes proches et même si je ne garde finalement que deux amies, je sais que celles-ci en valent la peine. La traversée me fait prendre conscience de ce qu'est réellement l'amitié. Désormais, je vais essayer de mieux me comporter avec les gens que j'aime, à rester toujours présente pour eux, même si la distance nous sépare. Alice et Kelsey ont déjà prévu de venir me voir en France : je suis trop contente !

Sur *Merci*, les jours se suivent et se ressemblent. Il n'y a pas grand-chose à faire, alors je dors énormément : de douze à quatorze heures par jour !

Sébastien

Jade a eu son bac avec des notes incroyables. Elle sort d'une période de stress intense. Comme je l'ai dit plus haut, elle se donne à fond dans tout ce qu'elle fait, et elle a travaillé d'arrache-pied pour avoir les meilleures notes possible. En Australie, les examens du bac s'étalent sur une période assez longue, en plusieurs étapes : elle a d'autant plus de mérite de l'avoir décroché haut la main ! Je suis vraiment heureux pour elle. Ce n'est certainement pas de moi qu'elle tient ce talent et cette persévérance pour les études…

Aujourd'hui, elle est sortie du cockpit pour essayer d'apercevoir des baleines. Jour de vent léger : les conditions sont idéales pour naviguer et Jade s'émerveille devant les poissons volants. Elle n'en avait jamais vu.

Les très longues parties de cartes rythment nos journées. Parfois, lorsque nous jouons à la bataille, nous ajoutons une pile pour Marshal, et c'est un peu comme s'il était avec nous.

Moi qui ne suis pas très « philosophe », je suis impressionné par la maturité de ma fille. Cette traversée la pousse à se remettre en question et à réenvisager son mode de vie. Elle m'explique que l'on peut atteindre le bonheur autrement que par le matérialisme et le consumérisme que nous impose la pensée dominante en Occident. Les relations humaines ont nettement plus de valeur à ses yeux que le confort matériel qu'elle a pourtant toujours connu. Sa vie en mer lui fait prendre conscience qu'il ne faut finalement pas grand-chose pour être heureux : boire, manger, dormir et un peu de compagnie, c'est tout ce dont l'être humain a réellement besoin. C'est une pensée qui m'était déjà venue lors de mon premier Vendée Globe… mais je n'avais pas tout juste 18 ans !

Je discute avec Jade comme je ne l'ai jamais fait avec aucun de mes autres enfants. Nous ne sommes pas d'accord sur tout, mais nous avons de vrais échanges et de vraies discussions argumentées – parfois enflammées, notamment quand nous parlons de Greta Thunberg qui, pour moi, est juste une geignarde, alors que Jade l'encense. Ce genre de conversations, je ne l'ai jamais eu non plus avec mon père, cela va sans dire. Quand j'étais petit, mon surnom était « Paquin ». Lorsque ma mère a accouché, elle ne savait pas qu'elle attendait des jumeaux. Je suis né juste avant Hugues, et lorsque l'obstétricien lui a dit : « Madame, il n'y en a *pas qu'un* », j'ai hérité de ce sobriquet. C'est peut-être de là que viennent mon besoin de bouger tout le temps et mon sentiment de ne jamais être à ma place. Mon jumeau, Hugues, est le seul à vraiment comprendre le fait que je vive jusqu'à aujourd'hui avec deux douleurs indélébiles : mon père et mes enfants. J'aurais pu sombrer en me rendant compte de tout ce que j'ai raté ; cela m'a au contraire donné de la force. Entre mes blessures passées, mon besoin de reconnaissance et mes évasions en mer pour empêcher ma vie de prendre l'eau, il y a forcément un lien – en tout cas, je suis sûr qu'un psy ne mettrait pas longtemps à en établir un ! Mais moi, je n'y ai jamais vraiment réfléchi. Quoi qu'il en soit, je remercie Jade de m'offrir chaque jour la possibilité d'être un meilleur père.

Alors que le vent pousse doucement *Merci* dans le dos, Jade s'est installée au « salon de thé », un espace que j'ai aménagé près de la descente du bateau avec deux chaises de jardin dont un copain australien, Don, a scié les pieds pour nous faire deux assises confortables. Elle a ouvert son coffre au trésor offert par Marine et y a trouvé plein d'occupations : de quoi faire du crochet et des origamis, un calendrier de l'Avent et un cahier de dessin. Jade a décidé de s'atteler à la confection de ce qui sera la mascotte de notre voyage : Poco, un petit cochon au crochet. Je suis ravi que l'attention de Marine ait autant touché Jade. Elles ne se connaissent pas encore, mais semblent déjà bien s'entendre.

C'est la veille de Noël et ce matin nous avons été interviewés pour un journal. Une page est prévue dans *Var-Matin*.

Je me rends compte que l'un des deux vérins hydrauliques de quille donne de petits signes de faiblesse. J'appelle Angelo Lavranos, l'architecte du bateau, en Nouvelle-Zélande, qui me recommande vivement de le réparer. Bien sûr, le bateau pourrait naviguer avec un seul vérin, mais seulement au ralenti, et la route est encore longue jusqu'à Toulon. Cela tombe bien, nous allons contourner l'Afrique du Sud d'ici une quinzaine de jours et je connais pas mal de monde à Cape Town : en effet, c'est là-bas que j'ai acheté et préparé mon Imoca pour le Vendée Globe 2016. Je passe donc deux ou trois coups de fil pour réserver un appartement pour quelques jours, et j'appelle Manu Mendes, le directeur du chantier naval, pour qu'il commande au plus vite les pièces dont nous aurons besoin sur place pour réparer le système de vérins. Je contacte également les autorités pour leur demander l'autorisation d'entrer sur leur territoire en cette période de pandémie de covid. Celles de Cape Town me semblent bien moins stressées qu'à Perth ou à Nouméa et je l'obtiens très facilement !

Sébastien

Je confirme à Jade que nous allons faire une escale en Afrique du Sud. Ça la rend folle de joie, elle qui a toujours eu envie de visiter ce pays. Nous commençons à rêver des énormes steaks-frites dont nous allons nous gaver dès le premier soir ! Des montagnes d'œufs Bénédicte le matin au petit déjeuner, des excellents plats de sushis le midi dans un endroit que je connais, et bien sûr des hectolitres de mojitos à l'apéro du soir… Je pense aussi aux verres de vin blanc que je vais boire et aux cigarettes que je vais enfin fumer, tandis que Jade imagine déjà l'eau chaude et douce coulant sur sa peau, le parfum du savon et du shampooing de sa première douche…

Jade

Nous goûtons ce matin au petit déjeuner que maman a préparé pour nous, c'est le meilleur que j'aie mangé depuis notre départ !

Papa est allé faire une sieste et j'ai pour mission de surveiller les écrans de contrôle et la bonne allure du bateau. Trop occupée à crocheter mon cochon, Poco, je n'y prête pas beaucoup attention, mais lorsque la bôme se met à faire des bruits étranges, je panique un peu. Évidemment, papa l'entend lui aussi et se réveille instantanément. Il me dit à quel angle du vent nous devons nous maintenir et je pianote sur la centrale électronique pour remettre le bateau dans la bonne direction. Papa me laisse faire, mais je vois bien qu'il m'observe du coin de l'œil.

Afin que je sois le moins triste possible, nous instaurons ensemble une nouvelle règle sur le bateau : un régime Internet est désormais en vigueur et il est décidé de ne pas dépasser une heure trois fois par jour, ainsi je ne ressentirai pas le manque de mes amis qui ne répondent pas à mes messages. « Nous ne sommes pas sur l'océan, au milieu de nulle part, pour nous laisser envahir par la terre ! » dit-il. Il a bien raison.

Merci s'approche d'un gros nuage et le vent tombe d'un seul coup, avant de tourner à 180 degrés. Pas une minute à perdre, nous affalons rapidement sur le pont l'énorme gennaker de 300 mètres carrés sans le rouler afin de réparer une petite déchirure tout en haut. J'aide papa à la manœuvre et en une demi-heure le travail est fait et la voile remontée, prête à être réutilisée. C'est la première fois depuis notre départ que je m'aventure sur le pont avant.

J'aperçois un cargo au loin – ça fait une dizaine de jours que je n'ai pas vu de navire. Il n'est qu'à 8 kilomètres, et je ne peux pas m'empêcher de me demander : « Si je tombais par-dessus bord, est-ce que j'arriverais à nager jusqu'à lui ? » J'aime me dire que oui, même si ça ne me paraît pas très réaliste... J'ai constamment peur de tomber à l'eau, c'est obsessionnel. Je ne peux pas faire un pas sur le bateau sans y penser. Il suffirait d'un rien pour que je disparaisse dans les flots. Cela me stresse beaucoup, mais j'essaie de ne pas le montrer à papa. C'est comme si vous étiez en haut d'un gratte-ciel, sur un balcon dont la balustrade vous arriverait à hauteur du genou. En plus, mon « balcon » à moi, il bouge dans tous les sens, de gauche à droite, de haut en bas, et il est toujours trempé... J'ai encore plus peur que ce soit papa qui tombe à l'eau. Bien qu'il m'ait donné la procédure d'urgence absolue et le numéro de Jean-Gui à appeler avec le satellite, je sais que si un tel drame se produisait je ne le reverrais sans doute jamais. Savoir que je serais incapable d'aider et de sauver papa me terrifie...

Pour avoir vécu moi-même une telle expérience, j'ai désormais la conviction que les navigateurs qui s'embarquent pour le Vendée Globe sont fous à lier. Le bateau, c'est dangereux. Si papa me disait qu'il veut faire un autre Vendée Globe, je ferais tout pour l'en dissuader. Parce que maintenant j'ai parfaitement conscience de tous les risques que cela représente. Son premier Vendée Globe a signifié pour lui cent vingt-quatre jours d'une vigilance permanente, vingt-quatre heures sur vingt-quatre, pendant lesquels, au moindre bruit suspect, il allait immédiatement vérifier s'il n'y avait pas un problème. Parfois, cela implique de grimper en haut du mât pour réparer la voile, ce qui me semble de la folie furieuse. Décidément, la voile me fait peur.

C'est drôle, je repense à des vacances avec papa quand Marshal et moi avions 7 ou 8 ans. Il nous avait emmenés à Esperance, dans le bush, à quelque dix heures de route de Perth. Nous avions l'habitude d'aller dans une ferme située près de la plage, à côté d'un petit lac. Un jour, avec Nils, le fils des fermiers, qui avait deux ans de plus que nous, nous avons construit un petit radeau avec des planches de bois et des jerricanes en guise de flotteurs, pour aller nous promener sur le lac. À peine 10 mètres après avoir quitté le bord, nous avons coulé. Je n'ai jamais eu le pied marin !

J'ai échangé des messages avec ma demi-sœur et mon demi-frère, Tiphanie et Romain. Ils sont vraiment très sympas avec moi. Comme je ne parle pas encore un français parfait, j'ai besoin de papa pour leur répondre et parfois je m'en veux, car je ne sais pas quoi leur dire. Romain me dit que nous devrions faire de petites vidéos ensemble à bord du bateau, un vlog. C'est l'occasion d'une discussion animée avec papa : lui veut se cantonner à faire des vidéos « sérieuses » qui parlent de la vie à bord, alors que moi je pense que ce serait plus marrant de délirer un peu.

— Ça va être chiant, tes vidéos, papa !

— Je n'ai pas envie de faire le clown. Tu peux faire ce que tu veux sur tes vidéos de merde, mais ce sera sans moi !

J'ai été fâchée qu'il me parle comme ça et j'ai boudé toute la journée.

Demain, c'est Noël, et papa m'offre le plus beau cadeau dont on puisse rêver lorsqu'on est en train de faire un demi-tour du monde en bateau : dans quelques jours, nous allons faire escale à Cape Town, en Afrique du Sud, pour réparer un vérin hydraulique de quille. Ce sera surtout l'occasion pour moi de descendre enfin du bateau, de voir de nouvelles choses, de prendre une douche et de bien manger. J'ai trop hâte !

Sébastien

— Joyeux Noël, Jadounette !

— Joyeux Noël à toi aussi, papa !

Ce matin, c'est à peine si l'on s'entend avec le bruit du bateau qui tape furieusement dans les vagues. Jade ouvre le colis de Noël préparé par sa mère. Il y a plein de friandises dedans : du chocolat, des biscuits, du nougat...

Jade a appelé Marshal et Kim. Sa mère a pleuré au téléphone : tout est normal... Nous avons aussi téléphoné à Marine, puis à Mamita. Et puis nous avons reçu plein de messages d'inconnus via WhatsApp... Ces personnes sont extrêmement touchées par la « route de Jade » et trouvent notre aventure incroyable, alors qu'elle est tellement naturelle pour nous !

Cela fait deux semaines que nous sommes partis et nous avons encore deux semaines et demie de mer avant d'arriver en Afrique du Sud. Nous allons poursuivre notre traversée de l'océan Indien et passer le cap de Bonne-Espérance, ce ne sera pas une partie de plaisir. Alors que cette deuxième semaine de navigation touche à sa fin, je peux dire à ma charmante jeune fille de 18 ans : « Bravo, Jade ! » Elle est très courageuse et garde le moral, malgré la solitude et l'ennui. Je sais bien qu'elle n'aime pas particulièrement naviguer, mais elle a décidé d'aller jusqu'au bout de ce voyage et n'abandonnera pas. Elle sait déjà qu'il lui sera difficile de quitter Cape Town pour remonter à bord du *Merci* et endurer encore cinq ou six semaines de mer avant Toulon. Malgré tout, elle veut pouvoir se dire un jour qu'elle a réussi.

Une vidéo est montée pour illustrer mon dernier slam, « Fragilités joyeuses », un texte écrit par la cousine de Jade, Mathilde. J'ai commencé le slam en 2018 lorsque j'ai entrepris la Route du Rhum. Quelqu'un m'avait fait écouter Grand Corps Malade, que je ne connaissais pas. (Je n'écoute jamais de musique, même en voiture – bien que je sois issu d'une famille de musiciens. Sans doute un rejet inconscient de ce que mon père a voulu m'inculquer… Bref.) Et tout de suite, j'ai adoré : sa voix, sa manière de parler… En fait, la personne qui venait de me le faire découvrir avait une idée derrière la tête :

— Tu vois, c'est chouette, hein ? Tu devrais faire pareil. Avec la voix que tu as et ce que tu vis…

Sans prétention, je lui réponds :

— T'es taré ! La poésie, n'importe quoi… Je ne sais pas faire !

— Tu devrais y réfléchir…

Je me mets à écouter Grand Corps Malade en boucle. Ses chansons, sa voix… tout me parle. L'idée commence à me trotter dans la tête… À l'occasion d'une soirée barbecue dans mon petit club de voile, un groupe joue en live, et j'entends derrière moi un mec dire à son voisin :

— C'est moi qui ai écrit les paroles de toutes ces chansons. Je suis parolier.

Je me retourne, lui tape sur l'épaule et lui dis tout de go :

— Tu es parolier, toi ?

Je crois que je ne lui ai même pas dit bonjour ! Bruno Gillet est journaliste et parolier. On se revoit, on discute et ça l'intéresse sincèrement d'écrire des paroles pour un navigateur des océans. Il me propose des textes, je les retravaille. Je les lance sur les ondes à l'occasion de la Route du Rhum. Naturellement, la réaction des gens est mitigée.

Pour en revenir à la « route de Jade », la vidéo que m'envoie ma nièce Mathilde montre des vagues que le texte met en parallèle avec les personnes valides et les personnes handicapées. Le magnifique fond musical est dû au talent de la violoncelliste Sarah

Tanguy. J'ai hâte d'être à Cape Town et d'avoir un vrai réseau Internet pour la poster !

Nous espérons arriver en Afrique du Sud entre le 6 et le 7 janvier. En attendant, nous subissons des conditions météo catastrophiques : 1 700 milles pour atteindre Cape Town ; 30 nœuds de vent. Nous avons une manœuvre à effectuer – un empannage – et, par ce vent-là, c'est un peu stressant, car toute erreur pourrait causer d'importants dégâts. Je répète la procédure dans ma tête avant de l'exécuter :

1. Mettre la quille au milieu et déverrouiller la grand-voile.
2. Mettre le chariot au milieu.
3. Abattre 10 degrés par 10 degrés pour obliger le gennaker à croiser le bateau et le mettre en ciseaux.
4. Une fois le bateau stabilisé, border la grand-voile à fond et tenir la chute bien tendue.
5. S'occuper des bastaques qui retiennent le mât.
6. Larguer la grand-voile et le chariot.
7. Ajuster le nouveau cap et l'angle.
8. Régler les voiles en conséquence.
9. Verrouiller la grand-voile.
10. Retourner à l'intérieur et incliner la quille.

Pendant ce temps, Jade dort paisiblement dans sa couchette.

Ce soir, ma fille nous prépare un excellent dîner : un chili con carne avec de la polenta cuite à la perfection. Ensuite, nous avons une longue et ennuyeuse conversation sur les droits des femmes. Je dis « ennuyeuse », parce que Jade est du genre à raisonner inlassablement jusqu'à ce que vous vous rangiez à ses arguments – peu importe le temps que cela prendra. Et comme moi, au contraire, j'accepte facilement d'être en désaccord avec quelqu'un, je trouve que ces conversations stériles sont une véritable perte de temps. Peut-être que cela tient aussi au fait qu'on ne m'a pas élevé dans le dialogue et l'échange. Que ce soit avec Mamita ou, pire encore, avec mon père, on n'était pas vraiment autorisés à débattre d'un sujet ou d'un autre. On devait se taire quand les adultes parlaient… Tout l'inverse de la relation que j'essaie de construire avec Jade.

En ce dernier jour de l'année 2021, les conditions ont radicalement changé. Le vent est tombé et seule une légère brise nous pousse au ralenti vers le cap de Bonne-Espérance. Le temps s'étire et il va nous falloir une semaine entière pour parcourir les 1 200 milles (2 000 kilomètres) restant avant Cape Town. Au fur et à mesure que les jours passent, notre impatience grandit…

Pour notre réveillon, Jade sort du sac à provisions un délicieux coq au vin. C'est incroyable à quel point cette nourriture lyophilisée peut être bonne et complète. Tout y est : des herbes aromatiques au vin en passant par les oignons et la viande tendre. Quand on pense à l'endroit où nous sommes, pouvoir faire un tel repas gastronomique est à la fois insolite et providentiel.

Je lis quelques informations sur Internet et je me demande où se trouve la vraie vie. Est-ce là-bas, avec des masques, des gestes barrières et des restrictions de tous ordres, mais où l'on peut encore acheter ce qu'on veut ? Ou ici, où nous ne subissons aucune de ces contraintes, mais ne consommons quasiment rien ? Personnellement, j'ai fait mon choix.

Jade

Chaque matin, papa « frappe » au rideau de ma couchette et m'apporte une tasse de thé bien chaud. Je vois bien qu'il se soucie de moi, cela me réconforte.

Aujourd'hui c'est Noël. J'ai appelé maman et Marshal. Maman s'est mise à pleurer, Marshal lui a dit qu'il était entré dans ma chambre cette nuit pour m'envoyer un baiser de bonne nuit comme il le faisait quand j'étais là-bas. C'était si mignon que j'ai failli me mettre à pleurer aussi. Il me manque.

J'ai ouvert une boîte de cadeaux de maman, il y avait beaucoup de chocolats et de nougats. Je suis un peu mélancolique à l'idée que les festivités de Noël se déroulent sans moi. C'est curieux, j'ai du mal à imaginer la vie quotidienne à Perth alors que la mienne se déroule sur le bateau. Ici, tous les jours se ressemblent.

Grâce à mon père je ne me sens pas trop seule, et je lui en suis reconnaissante. Il sait toujours me remonter le moral. Il a encore dit quelque chose que je trouve assez profond : nous ne devrions pas chercher à oublier nos problèmes, mais au contraire nous en souvenir et les considérer comme nos amis ; et on n'abandonne pas un ami, on l'aide jusqu'à ce qu'il aille mieux (parlait-il du vérin hydraulique qu'il devait réparer ?). Toujours sur l'amitié, papa m'a dit qu'un ami, c'est quelqu'un que l'on connaît très bien et que l'on aime quand même. Très en verve ce soir, il m'a aussi dit à quel point il est contre le capitalisme et le consumérisme de Noël. J'ai répondu qu'il était tout de même très agréable de recevoir des cadeaux (pour son anniversaire, à Noël…), mais il m'a objecté qu'il n'avait pas besoin d'une occasion spéciale pour faire plaisir à quelqu'un qu'il aime en lui offrant un cadeau. Je n'y avais jamais songé. Papa est un vieux sage.

Nous parlons aussi de mon avenir. Pour l'instant, je prends une année sabbatique, mais je commence déjà à réfléchir à l'après. Je me vois bien en professeure d'anglais, mais papa me dit que je n'ai pas assez d'ambition, pas assez confiance en moi, et que je pourrais viser plus haut. Vu sa propre scolarité et ses démêlés avec le corps professoral, ce n'est pas très étonnant qu'il réagisse comme ça. À la réflexion, c'est vrai qu'une carrière dans la diplomatie, dans la politique ou dans l'humanitaire pourrait me plaire. Je vais y réfléchir, et je pense déjà me présenter à Sciences Po l'an prochain…

Comme dit papa, « si vous n'essayez pas, vous avez déjà échoué ». Le pire qui puisse m'arriver est d'être recalée… Je vais donc tenter !

La solitude me pèse et il ne se passe pas un jour sans que j'aie envie d'abandonner ; pourtant, je m'y refuse totalement : d'une part, je m'en voudrais de ma lâcheté, et d'autre part, où irais-je si je ne remontais pas à bord de *Merci* après notre escale à Cape Town ? Je prendrais un avion pour la France et je me retrouverais à chiller dans l'appartement de papa pendant que lui se taperait le reste de la traversée tout seul ? Il ne ferait jamais ça, lui. Je veux me montrer à sa hauteur. Je sais bien que ma famille et mes amis me diraient : « Bravo, Jade, c'est super ce que tu as fait : passer quatre semaines sur un Imoca du Vendée Globe, naviguer 5 000 milles sur l'océan Indien, pour une néophyte, chapeau ! » Mais au fond, il y aurait sans doute des non-dits et même un peu de condescendance. Ils penseraient : « La pauvre petite, elle n'était pas faite pour ça, après tout… Elle n'est pas aussi courageuse qu'on le pensait… » Alors, au lieu d'être admirée, je serais plainte, et ça, c'est hors de question ! J'ai commencé la « route de Jade » avec papa, je la terminerai !

Nous fêtons le passage à l'année 2022 tous les deux à bord. L'ambiance est assez étrange, ce n'est pas un vrai réveillon, vu que sur le bateau tous les jours sont les mêmes. Pour moi, la vraie fête sera quand nous arriverons à Cape Town. J'ai tellement hâte de clôturer cette première partie de la traversée !

Sébastien

Nous fêtons le passage à la nouvelle année avec un feu d'artifice d'étoiles dans le ciel. *Merci* navigue dans la pénombre, entouré d'un banc de dauphins sans doute venus célébrer ce dernier soir de 2021. C'est génial... Que valent les réveillons dits festifs, avec force champagne, paillettes et langues de belle-mère, musique assourdissante, danses et cris, face à la chance de se trouver au cœur des splendeurs de la nature ? Je me sens tellement privilégié de vivre ce moment avec ma fille. Je la remercie une fois de plus de m'avoir accompagné dans ce voyage.

Nous parlons de l'avenir de Jade en France. Elle me dit qu'elle pense devenir prof d'anglais, mais je ne l'encourage pas dans cette voie. Je crois que cela me fait penser à mon père qui a choisi d'être professeur de musique par manque d'ambition, alors qu'il avait gagné les plus grands prix de conservatoire et qu'il était promis à une brillante carrière de flûtiste soliste. En plus d'être très forte en anglais, Jade est une excellente oratrice. Elle a gagné des concours d'éloquence en Australie, et je le vois bien quand je discute avec elle : si nous ne sommes pas d'accord, elle ne lâche pas l'affaire tant qu'elle ne m'a pas convaincu ! C'est d'ailleurs pour cela qu'elle a des relations orageuses avec sa mère. Kim et elle ayant le même tempérament, leurs discussions animées se terminent souvent par une fâcherie, car chacune campe sur ses positions et n'en démord pas.

Je suggère à Jade de se lancer plutôt dans le droit en vue d'une carrière au barreau ou dans la magistrature, voire dans la politique, puisque c'est une jeune fille qui a des idées, des convictions, un engagement fort. Elle m'écoute, prend en compte mes arguments, me dit qu'elle y verra plus clair avec le temps.

Pour la première fois depuis notre départ de Perth, Jade et moi avons eu une grosse dispute. La raison importe peu, je crois que c'était pour une histoire d'ordinateur. J'ai passé une partie de la journée dessus, elle est venue me voir pour me demander quelque chose et je ne lui ai pas répondu, un truc comme ça… Mais ce qu'elle a fait m'a mis hors de moi : elle est sortie sur le pont et elle est allée se poster à l'avant du bateau, alors qu'il allait très vite et qu'il y avait de l'eau partout ; elle ne s'est pas rendu compte à quel point c'était dangereux ! Au début, je la croyais en train de bouder dans le cockpit, mais quand je l'ai vue accrochée à son câble tout à l'avant du bateau, je suis sorti de mes gonds.

— Jade, tu reviens ici tout de suite !

— Non, je ne reviens pas.

— Jade, si je viens te chercher, c'est par les cheveux. Ce que tu fais, là, est hyper dangereux ! Tu reviens et tu rentres !

— Non, je ne reviens pas.

— Ne m'oblige pas à venir te chercher ! Tu n'imagines même pas la raclée que tu vas prendre ! Pour la dernière fois : tu rentres immédiatement et tu ne sors plus du cockpit, compris ? Tu viens bouder ici si tu veux, parce que là, tu vas tomber à l'eau !

Elle est revenue à quatre pattes. Entre-temps, comme j'étais à côté du pilote automatique, j'avais fait en sorte discrètement que le bateau ralentisse et que ce soit moins violent à l'avant. Elle a fait la gueule jusqu'au soir. Je m'en fichais royalement, au moins elle était en sécurité. Plus tard dans la soirée, elle est venue me demander pardon.

— Excuse-moi, papa, je crois que j'ai déconné.

J'étais sans doute un peu fautif aussi à cause de l'histoire de l'ordinateur, mais la réaction qu'elle a eue… – ce n'était vraiment pas possible.

— Nous sommes sur un bateau, tu n'es pas à la maison où tu peux aller bouder dans ta chambre sans aucun risque. Ici, si tu veux bouder, tu vas à l'intérieur, dans ta bannette, et tu y restes autant que tu veux, je m'en fiche. Mais tu ne vas pas devant, à l'étrave. Ça, jamais ! Que ce soit bien clair !

La monotonie, l'attente, la répétition. Ces mots qualifient la vie à bord d'un bateau.

La peur constante de l'océan, le sentiment de petitesse, l'impression d'insignifiance de l'espèce humaine face à la puissance sans âge, sans fin, sans pitié de la nature… Je suis impressionné que les humains soient encore là, qu'ils continuent à braver ce désert liquide : je pense aux anciens marins qui l'ont fait sans tout l'équipement moderne dont je dispose. Dire que des gens se sont lancés sur ces flots hostiles sans même savoir si une terre les attendait, voguant vers l'inconnu à la recherche du bout du monde, dans des bateaux de bois et de toile, ne se fiant qu'aux étoiles pour se diriger, à la merci des éléments, totalement livrés à eux-mêmes – pas de balise de détresse, pas de radeau de sauvetage… Waouh… Respect à eux.

Les dernières quarante-huit heures avant de rejoindre Cape Town sont dantesques. En pleine nuit, une tempête s'abat sur nous. Des orages dans tous les sens, une pluie torrentielle, le vent qui tourne dans toutes les directions. Je crois n'avoir jamais vu de tels éclairs. Jade est terrifiée, j'essaie de ne pas lui montrer que je ne suis pas très à l'aise non plus. J'enroule le gennaker et lui demande de couper tout le système électronique du bateau par crainte de la foudre. Je suis sur le pont, trempé jusqu'aux os, guettant les moindres dégâts que pourrait causer la tempête.

Il est 10 h 30 quand le vent se calme enfin et que les conditions de navigation redeviennent plus clémentes. Il nous tarde plus que jamais d'arriver à Cape Town.

Jade

Papa et moi nous sommes toujours très bien entendus. On aurait pu s'attendre à ce que la promiscuité sur le bateau crée des tensions entre nous, mais au contraire, elle nous a rapprochés. Nous sommes de nature assez indépendante, lui et moi, alors chacun mène sa vie comme il l'entend. Et quand le besoin de parler se fait sentir, nous nous retrouvons dans le cockpit ou dans le salon de thé pour discuter, jouer aux cartes...

Nous n'avons eu que deux gros clashes durant la traversée, chaque fois pour des raisons futiles. C'est arrivé quand j'en avais marre du bateau, et évidemment papa était la seule personne sur qui je pouvais passer mes nerfs. Par exemple, si je voyais sur WhatsApp que j'avais encore loupé une super soirée, j'étais dégoûtée et papa prenait tout, bien qu'il n'y soit pour rien. Ce qui est sûr, c'est que si ma mère avait été là à la place de mon père, vu nos caractères, il y aurait eu au moins une engueulade par jour !

Papa s'occupe de moi comme jamais il ne l'avait fait auparavant. Il me prépare mon petit déjeuner tous les matins, il me demande tous les jours comment je vais, il joue aux cartes avec moi, il me raconte son enfance, son histoire avec Marine, ou d'autres épisodes de sa vie, comme les jeux Olympiques… Ce sont de très beaux souvenirs pour moi.

Nous quittons l'océan Indien pour l'océan Atlantique. Naïvement, je pensais qu'il y avait une ligne, une démarcation visuelle entre ces deux océans, alors quand papa m'annonce : « On est dans l'océan Atlantique », je suis un peu déçue. C'est la même chose, en fait ! Nous faisons une petite vidéo pour les gens qui nous suivent sur Instagram : « Voilà, l'océan Indien, c'est fini. Maintenant c'est l'Atlantique, super, on fait un *high five* ! » Cela devient notre *gimmick* pour tous les événements marquants qui rythment notre traversée.

Cette nuit, nous avons essuyé une tempête terrible. Jusque-là, nous n'avions jamais été aussi secoués. J'étais terrorisée, et de savoir papa dehors, sur le pont, dans ces conditions épouvantables, j'avais encore plus peur. Une nouvelle fois, je me suis sentie coupable de ne pas pouvoir l'aider. Du coup j'ai essayé de tenir tous les objets qui pouvaient s'envoler dans le bateau, histoire de me sentir utile. À un moment, j'ai pris mon pouls pour voir à quelle vitesse battait mon cœur. Papa m'a vue et il m'a demandé :

— Tu vérifies que tu es toujours en vie ?

Même dans la pire situation, il sait comment me faire sourire. Et je ne le remercierai jamais assez de nous avoir sortis sains et saufs de cette horrible nuit. Parce que moi, je n'avais pas la moindre solution à lui proposer.

Le temps se calme et j'appelle Marshal. Nous avons une longue conversation au sujet de mes projets quand je serai en France. Ensuite, je confie à papa que je crains un peu d'être toute seule, sans amis, à Paris, à Toulon ou ailleurs. Je ne parle pas assez bien le français et je ne connais personne. Il me répond que ça va aller, qu'il est sûr que ça se passera bien et que je ne dois pas m'inquiéter. Il me répète que je n'ai pas assez confiance en moi, que j'ai déjà fait et que je continue à faire des choses extraordinaires sans m'en rendre compte. Et puis il me dit aussi que tout le monde m'apprécie toujours beaucoup et que je n'aurai aucune difficulté à me faire des amis. J'ai du mal à le croire, mais j'espère qu'il a raison.

Comme je suis d'humeur maussade et que je m'ennuie, papa propose que nous fassions des origamis sur le thème de l'océan. En quelques heures, nous réalisons un poisson, un bateau, un requin et même une raie ! Puis nous jouons à la bataille, je le bats une nouvelle fois. Petit à petit, je me sens un peu mieux.

Voici ma réflexion du jour : les planisphères et les voyages en avion peuvent nous faire croire que les océans ne sont pas si grands que ça, qu'on peut facilement les traverser. Mais quand on les affronte dans la réalité, on prend vraiment conscience de leur immensité, aussi bien par leur étendue que par leur profondeur. Je pensais que les téléphones portables, les moyens de transport modernes, les nouvelles technologies avaient rétréci le monde, mais j'avais tort. Il y a tellement de choses à découvrir, à expérimenter, la planète est si vaste que personne ne pourra jamais la connaître entièrement. Et j'ai soudain envie de l'explorer davantage, à mon échelle de petite fourmi…

Notre arrivée à Cape Town était prévue pour le soir même, mais après l'énorme tempête de la nuit dernière, le vent est complètement tombé et, comme nous n'avons pas de moteur, nous faisons du surplace pendant des heures. Enfin, nous apercevons les lumières de Cape Town. Après vingt-cinq jours de bateau, elles m'apparaissent comme un mirage… Il fait gris et un peu froid, il est environ 6 heures du matin. J'ai du mal à me figurer que nous allons bientôt poser le pied sur la terre ferme.

Sébastien

— Jade, ça y est, nous arrivons !

Nous sommes le 6 janvier 2022, il est 6 heures du matin, et nous accostons à Cape Town. Après avoir passé les dernières heures de la nuit au ralenti, quasiment sans vent, nous entrons dans le chantier naval où j'avais préparé mon bateau pour le Vendée Globe cinq ans auparavant. Avant tout, il faut réparer le vérin hydraulique et faire toutes les révisions qui s'imposent sur le bateau. À cette heure-ci il n'y a encore personne, mais j'ai hâte de voir Manuel Mendes. Il va m'aider à remettre *Merci* en état de fonctionnement. Pendant ce temps, Jade ira se promener, visiter un peu la ville, et se reposera.

Nous faisons une petite vidéo pour marquer le coup et la postons sur les réseaux sociaux. Nous en avons déjà fait plusieurs, d'une quinzaine de secondes chacune, pour montrer les meilleurs moments de notre quotidien, mais aussi quelques couchers de soleil spectaculaires. Nous avons ainsi filmé notre passage par le cap des Aiguilles, le point de jonction entre l'océan Indien et l'océan Atlantique, avec de grands sourires et un *high five* à la fin de la séquence ! J'aime à penser que ces vidéos ont pu éveiller des envies de voyages chez ceux qui les ont vues. Il faut dire aussi que Jade est très photogénique, elle est toujours très souriante sur les photos, elle respire la joie de vivre. Voir une jeune fille si heureuse de tenter une telle aventure avec son père pour seule compagnie, ça a dû faire rêver beaucoup de familles… Partager mes aventures avec les internautes qui souhaitent me suivre a toujours été un moteur pour moi. Que ce soit dans le Vendée Globe ou la « route de Jade », non seulement je vis des moments très forts, mais en plus j'en fais profiter les autres. Pour Jade et moi, raconter notre histoire, c'est peut-être allumer des étoiles dans les yeux de ceux qui vont nous suivre et nous lire. J'ai compris cela lors de mon premier Vendée Globe, quand j'ai vu à quel point les gens étaient émus par le parcours des skippers.

Je reçois un appel de mon oncle paternel Jean-Noël, qui me touche beaucoup. Je crois que c'est la première fois de ma vie qu'il m'appelle.

— C'est incroyable, ce que vous avez accompli tous les deux. De là-haut, ton père doit vous regarder. Merci, mon neveu, d'avoir fait ça.

Jade elle aussi reçoit des messages de ses oncles – mes frères –, qui lui disent tous leur fierté :

— Tout le monde ne traverse pas l'océan Indien, Jade. Et encore moins avec son père sur un Imoca ! Aucun d'entre nous n'a jamais fait ce que tu as fait, alors que nous sommes ce qu'on appelle des marins. Bravo à toi.

Mais Jade est trop humble pour reconnaître son exploit.

Jade

La nuit dernière, j'étais tellement impatiente d'arriver à Cape Town que je n'ai pas dormi. J'ai mis un legging, un short, un tee-shirt et un ciré, il faisait très froid. Je suis sortie rejoindre papa qui était en train de bâiller parce que l'on n'avançait pas… Tous les deux, nous sommes restés debout toute la nuit. Nous avons assisté au lever du soleil éclairant la montagne de la Table, le massif qui surplombe Cape Town. Il y avait de petits nuages qui dessinaient comme une cascade sur la montagne, le spectacle valait vraiment le coup de rester éveillé ! En approchant de Cape Town, nous avons vu également beaucoup de phoques, ils étaient trop mignons… C'est la première fois que j'aperçois les côtes de l'Afrique du Sud.

Comme nous accostons à 6 heures du matin, il n'y a personne pour nous accueillir au port. La première chose que je fais une fois à terre, c'est d'aller prendre une douche dans les sanitaires du chantier naval. Nous trouvons une collation laissée à notre intention : du pain, du fromage et des olives – et du vin pour papa ! À 7 h 30, il est légèrement ivre, et je fais une photo de lui pour immortaliser ce moment. Nous essayons de dormir un peu, mais nous n'y arrivons pas, alors nous décidons d'aller prendre un petit déjeuner. Je commande une omelette, quel bonheur de manger de la vraie nourriture après vingt-cinq jours de plats lyophilisés !

Pendant que papa et ses amis réparent le bateau, je visite Cape Town. C'est une ville très vivante, mais pas très sûre pour une jeune fille seule. Je ne m'aventure donc pas en dehors des quartiers touristiques. Je prends le téléphérique pour aller à la montagne de la Table que j'avais aperçue depuis le bateau. Là, je rencontre une Allemande qui s'appelle Sophie. Ça me fait plaisir de discuter avec quelqu'un de mon âge ! Elle me demande pourquoi je suis ici, je lui réponds que je suis en vacances avec mon père. C'est plus simple que de lui raconter la « route de Jade » ! Je vais la revoir pendant cette semaine, on va randonner ensemble. Je redescends de la montagne en rappel et j'adore ça !

Je profite du réseau pour appeler longuement maman et Marshal. Maman pleure – c'est normal, tout va bien – et je parle un bon moment avec mon frère.

De retour au port, je tanne papa pour qu'il monte avec moi dans un Tour Bus pour faire le tour de la péninsule de Cape Town pendant trois heures. Au début il refuse, mais je réussis à le convaincre et nous faisons une visite très intéressante.

On dîne dehors tous les soirs. Systématiquement, papa s'amuse à faire croire aux serveurs que ce qu'ils nous ont servi est immangeable – alors que c'est délicieux ! Il a un sens de l'humour un peu spécial ! Quand on marche dans la rue, il se met à danser dès qu'il entend de la musique. Ça me fait rire, mais ça me gêne parfois aussi !

Pendant ce séjour, nous mangeons super bien. Je me gave de coupes de glace « dame blanche » et je découvre un cocktail génial, l'Aperol Spritz. Bref, j'adore notre escale à Cape Town.

Papa me répète que je peux arrêter là si je veux et prendre l'avion pour aller en France directement, mais il n'en est pas question, je n'arrêterai pas le voyage en plein milieu. Que sont quarante jours de traversée de plus alors que j'en ai déjà fait vingt-cinq ? Quand je suis partie de Perth, je ne savais vraiment pas ce qui m'attendait. Maintenant, OK, j'ai la confirmation que je n'aime pas particulièrement le bateau ; mais je suis sûre que la seconde partie de la « route de Jade » sera moins dure que la première, parce que je la continue en connaissance de cause.

Sébastien

Après une semaine passée à Cape Town durant laquelle nous avons pu réparer le vérin hydraulique, l'hélice et plein d'autres petits problèmes sur le bateau, il est 14 heures lorsque nous repartons pour la dernière partie de notre voyage. Jade est enchantée de son séjour. Elle a beaucoup aimé Cape Town et nous nous sommes régalés toute la semaine, totalement requinqués pour attaquer les quatre ou cinq semaines de mer qui nous séparent encore de la France. Manuel Mendes est présent pour nous dire au revoir, je le remercie de nouveau, il nous a été d'une grande aide en Afrique du Sud.

Il y a très peu de vent pour notre départ, ce sont les conditions idéales pour nous réacclimater à la mer. Nous avançons très doucement, et voilà que soudain, les générateurs d'énergie nous lâchent. Le générateur principal est mort depuis longtemps, et maintenant c'est la régénération du moteur avec l'hélice qui ne fonctionne pas davantage. Nous allons devoir faire avec ce que nous avons, et je sais que ça ne suffit pas. Je décide de couper la transmission satellite ainsi que tout ce qui n'est pas absolument nécessaire tant qu'il n'y aura pas assez de vent pour produire plus d'énergie et faire fonctionner les hydrogénérateurs.

Jade est ravie de reprendre la route. Même si elle n'est décidément pas fan de voile, elle semble heureuse d'entamer cette seconde partie de l'aventure dans l'océan Atlantique.

Pour la première fois depuis Perth, je vois une baleine. Elle s'approche tout près du bateau pour respirer. J'appelle Jade, qui se précipite dehors, mais elle la manque. Heureusement, peu de temps après, elle arrive à l'apercevoir au loin. La baleine est restée visible une quinzaine de minutes. C'est une chance extraordinaire d'avoir pu observer cet animal gigantesque et majestueux.

Pendant toute la traversée de l'océan Indien, étonnamment, nous n'avons pas vu un seul spécimen de la faune pélagique, à part des poissons volants. Je me souviens qu'un matin nous sommes passés à côté de pêcheurs chinois ou japonais qui pêchaient au filet. Ils tendent des filets maillants qui font des kilomètres de long et qui ratissent tout l'océan. C'est une catastrophe non seulement pour la vie sous-marine, mais pour les autres bateaux. En effet, ces filets se repèrent par toute une série de petits flotteurs qui apparaissent sur le système d'identification, mais si on s'en prend un dans le safran, ça le casse directement ; et dans la coque, ça fait un trou ! Nous sommes passés vraiment tout près d'un de ces filets, je faisais très attention… Je ne sais pas si c'est à cause de ces pratiques de pêche destructrices, en tout cas, nous n'avons croisé aucun cétacé dans l'océan Indien, alors que les conditions étaient idéales pour en voir…

La météo est plus clémente, et si elle décide de le rester, nous devrions franchir l'équateur d'ici à la fin du mois. Quel événement cela va être pour Jade !

Le 18 janvier, rien n'est plus important que le 31e anniversaire de Tiphanie. C'est fou ce qu'elle a mûri, je le vois aux messages qu'elle m'envoie désormais. Je suis vraiment heureux que notre relation se soit améliorée, je l'aime tellement ! Jade me fait rire, elle est stressée à l'idée de voir Tiphanie, elle craint de ne pas être la bienvenue à Bayonne. Mais si elle savait à quel point elle se trompe ! Tiphanie est impatiente d'accueillir sa petite sœur. Jade est si peu sûre d'elle qu'elle a l'impression qu'elle ne plaît pas, alors que partout où elle passe elle fait l'unanimité. Cette jeune fille est un véritable rayon de soleil, je ne connais personne qui ne l'aime pas.

J'apprends que Marine est en contact avec Tiphanie depuis le mois de novembre pour essayer d'organiser sa venue à bord de *Merci* à la fin du voyage. Objectivement, cela semble très compliqué pour Tiphanie de prendre quelques jours de congé pour nous rejoindre à un moment donné ; pour nous, ce n'est pas simple non plus de programmer une escale quelque part pour lui permettre de grimper à bord de *Merci*… Mais quelle joie ce serait si cela pouvait se faire ! Je suis sûr que Jade en serait ravie ! Je suis reconnaissant à Marine d'avoir eu cette initiative et de remuer ciel et terre, une fois de plus, pour que ce projet se réalise.

Nous abordons une zone dans laquelle, en ramenant mon bateau de Cape Town il y a cinq ans, j'ai rencontré des pirates. Ce n'est pas un mythe : aujourd'hui encore, il y a dans le monde plusieurs zones répertoriées comme étant « à risque », des eaux où croisent des navires de pirates et où il n'est pas rare de se faire attaquer et dépouiller. Cette fois, prévenu suffisamment tôt par le service « piraterie » de l'armée qui m'a envoyé un mail à ce sujet, je m'écarte le plus possible des côtes africaines pour aller poser *Merci* en plein milieu de l'Atlantique, entre le Brésil et l'Afrique, où je suis sûr de ne pas faire de mauvaises rencontres. Marine savait que nous allions passer soit au large de l'Afrique, soit par la mer Rouge, deux zones réputées pour être de hauts lieux de la piraterie. Dans la malle qu'elle nous a offerte pour la traversée, elle a donc glissé des déguisements de pirates, du maquillage, des tenues de camouflage… Jade et moi commençons à délirer avec ça : nous nous déguisons et jouons aux pirates et aux voleurs… Puis nous décidons d'inventer des histoires à l'intention de nos *followers* et mettons en scène de petits sketchs sur le thème de la piraterie. Nous racontons aux internautes que, pour éviter les pirates, nous naviguons en zigzag, que nous avons troqué notre voile blanche à rayures orange contre une autre moins voyante, et que nous nous camouflons avec deux traits de maquillage pour ne pas nous faire repérer ! Nous écrivons STEALTH (« furtif ») sur un bout de scotch blanc que nous collons sur un bouton de commande du bateau, et nous filmons juste nos doigts en train de pousser ce bouton pour faire croire à notre public que désormais nous sommes invisibles, car nous sommes passés en « mode furtif » ! Du vrai James Bond ! Ça nous fait marrer.

Ne reculant devant aucune invraisemblance, nous expliquons aussi que nous ne naviguons que la nuit et nous cachons pendant la journée (comment se cacher au milieu de l'océan avec un mât haut de 30 mètres ?) ! En réalité, nous sommes en sécurité, à 2 000 kilomètres de la zone à risque ; mais ça, nous nous gardons bien de le dire sur Internet ! Nous avons réfléchi pas mal de temps pour faire les meilleures vidéos possible dans des formats de quinze secondes, des *stories* Instagram ou des posts de photos. Certes, beaucoup moins de gens nous suivent que lors de mes Vendée Globe, mais leur investissement est total, et ils marchent à fond dans nos divagations ! Nous recevons des dizaines de messages nous conjurant de faire attention, nous félicitant de ne naviguer que la nuit pour ne pas être vus, nous rassurant sur l'efficacité de nos tenues de camouflage… Au-delà de nos petites bouffonneries, cela nous fait plaisir de voir à quel point nos *followers* se sont attachés à nous et ont sincèrement peur pour nous.

En outre, cette expérience est formatrice pour Jade, ne serait-ce que d'un point de vue « communication ». Nous devons réfléchir à la façon de raconter une histoire dans un format très court, suivre une ligne éditoriale, écrire notre scénario et répéter avant de filmer… Ensuite, nous analysons les commentaires des internautes. Jade comprend qu'une histoire, il ne suffit pas de la narrer, il faut savoir aussi éveiller l'intérêt des auditeurs. L'emballage est essentiel ! Une histoire au départ intéressante peut devenir carrément ennuyeuse si l'on n'y met pas les formes, tout comme un sujet anodin arrive à embarquer les auditeurs avec un minimum d'éloquence et de mise en scène ! Bien que cet apprentissage n'ait rien à voir avec le bateau, je suis heureux que Jade ait pu en profiter. Toute cette réflexion menée à deux lui servira sûrement dans sa vie future. De surcroît, nous nous sommes fabriqué des souvenirs communs inoubliables. Et c'est cela le plus précieux.

Jade

J'en ai marre d'être là. Je suis énervée et tout m'agace. Il ne se passe rien, tous les jours se ressemblent. Je ne sais plus à quoi occuper mes journées. Aujourd'hui, lire m'ennuie, faire du crochet m'ennuie, colorier m'ennuie. J'ai l'impression de devenir folle à faire toujours la même chose.

Pour me distraire, papa propose qu'on continue notre « saga pirates ». Nous nous déguisons, nous peignons le visage avec un maquillage type camouflage et postons une courte vidéo sur les réseaux sociaux. Totalement grimés, nous annonçons que nous naviguons uniquement de nuit pour ne pas nous faire repérer par les pirates. Une femme nous écrit que nous avons raison ! Apeurée pour nous, elle demande combien de temps nous pensons naviguer cachés ! Cela m'amuse de voir que les gens nous croient – à moins qu'ils rentrent volontairement dans notre jeu. Je n'en reviens pas de voir l'engouement que cette histoire suscite. Nous recevons aussi des messages de Tiphanie et Romain qui nous disent que nous sommes hilarants et que nous devrions faire davantage de vidéos de ce type. Nous allons y réfléchir.

Il fait de plus en plus chaud à mesure que nous approchons de l'équateur. Je n'ai sans doute pas bu assez, et avec cette chaleur j'ai un mal de crâne incroyable.

Nous tuons le temps en faisant d'interminables parties de bataille, que je remporte souvent ! Notre dernière partie était très importante, car le dernier carré de chocolat était en jeu. J'ai gagné haut la main, mais j'ai quand même partagé le morceau de chocolat avec papa. Il était très touché, car ce n'est pas sûr du tout qu'il aurait fait la même chose à ma place. Nous avons également mangé un petit bout de nougat. Ces douceurs me réconfortent un peu.

Pour une fois, je me suis levée à l'aube et j'ai vu le lever du soleil. Pas le plus beau depuis le début de l'aventure, selon papa, mais magnifique à mes yeux, puisque je n'en avais jamais vu en pleine mer. Ensuite, je me suis recouchée jusqu'à 11 heures !

Je supporte mieux l'absence de mes proches qu'au début du voyage. Bien sûr, j'ai envie de recevoir davantage de messages de mes amis et de ma famille, mais lorsqu'ils ne me répondent pas, je ne suis plus en colère comme je l'étais avant. Quand j'ai pu parler un peu plus longtemps à Alice, Kelsey et Marshal pendant notre escale à Cape Town, je me suis rendu compte que nous n'avions pas changé, et notre relation non plus, malgré l'océan et demi qui nous sépare. Cela fait près d'un mois que nous ne nous voyons que via Facetime, et ils ne m'ont pas oubliée. D'ailleurs, lorsque j'étais moi-même occupée à Cape Town, je ne répondais pas non plus dans la seconde à leurs messages. Je n'avais sans doute pas mesuré jusqu'ici à quel point mes amis comptent pour moi. Je connais maintenant la valeur de l'amitié qui nous lie, Kelsey, Alice et moi. Quant à mon lien avec Marshal, il est indéfectible. Ce sont mes discussions avec eux durant toute la première partie du voyage, et encore maintenant, qui m'ont permis de tenir mentalement sur le bateau et de rester connectée au « monde réel ». Cela fait partie des pouvoirs de l'amitié, je pense.

C'est le quarantième jour de la traversée, je n'en reviens pas de tout le chemin que nous avons parcouru. Cette nuit, je n'arrive pas à dormir, alors que papa, lui, ronfle paisiblement. Je sors sur le pont pour prendre l'air et tombe quasiment nez à nez avec un cargo. De nuit, les distances ne sont pas faciles à apprécier, mais celui-ci me semble vraiment très proche. Je vérifie que les lumières rouges et vertes sont bien allumées au sommet du mât. Flûte, elles sont éteintes ! « Qu'est-ce que je fais ? Je réveille papa ou pas ? » J'essaie un certain nombre de boutons, mais aucun ne fonctionne, jusqu'à ce que je trouve celui marqué « mouillage ». Je comprends « phare antibrouillard », je l'allume et j'aperçois un feu blanc au sommet du mât. Soulagée, je m'assieds dehors et surveille le cargo, qui finit par dévier sur notre côté gauche. Une fois qu'il est passé, j'éteins le feu et je bois une tasse de chocolat chaud sur le pont avant de retourner me coucher.

Demain, nous traversons l'équateur. J'ai hâte !

Sébastien

Pour célébrer notre dernier jour dans l'hémisphère Sud, je décide de me lever tôt et d'admirer mon dernier lever de soleil dans cette partie du monde. Le soleil apparaît timidement derrière les nuages, et je me dis que j'apprécierais davantage encore ce spectacle si j'étais nu ! Donc je me déshabille et, croyez-le ou non, j'ai la confirmation que dans le plus simple appareil nous sommes plus réceptifs à la beauté du monde ! En plus, je ne risque pas d'être surpris par Jade : elle dort en général jusqu'à midi.

C'est l'un des moments les plus importants de l'aventure : nous allons traverser l'équateur ! Sur un bateau, le changement d'hémisphère est toujours une célébration.

D'abord, il y a le décompte : Jade et moi nous installons face à l'écran et attendons de voir le GPS indiquer la latitude de l'équateur. À l'instant t, nous grimpons sur le pont et pointons l'index vers la ligne imaginaire que *Merci* est en train de franchir. C'est un moment mémorable et je suis ravi que Jade joue le jeu à fond avec moi. Ensuite vient l'heure de l'offrande au dieu Neptune. Nous lui adressons une prière et lui offrons ce que nous avons de plus précieux : notre tout dernier morceau de nougat ! Sachant à quel point Jade et moi aimons le nougat, nous espérons que Neptune appréciera notre sacrifice ! Enfin, j'accomplis mon petit rituel personnel : j'ai en effet l'habitude de me raser la tête à chaque fois que je passe l'équateur en bateau. Quant à Jade, en tant que primo-conquérante de l'équateur, elle subit un « baptême » un peu spécial : je lui demande d'aller s'asseoir sur une chaise sur le pont, je m'approche d'elle avec deux œufs cachés dans les mains… et les lui casse directement sur le crâne, avant de la « rincer » avec une douzaine de seaux d'eau de mer ! Bonne joueuse, Jade rit de son bizutage et ne m'en tient pas rigueur.

Nous dînons tous les deux d'un délicieux poulet au gingembre avec du riz et terminons ce repas par notre tasse de chocolat chaud rituelle et si réconfortante. De quoi conclure parfaitement cette journée magique de traversée de l'équateur. Malheureusement pour moi, la nuit est courte, parce que nous sommes coincés au milieu d'un orage. Les vents sont tournants, il pleut à torrents, je suis trempé. Bienvenue dans le pot au noir ! Et vu la trajectoire que nous prenons, nous ne sommes pas sortis de l'auberge…

Jade

Nous venons de traverser l'équateur. Voir l'écran de contrôle afficher « 0000 South » puis « North » est assez émouvant. Je savais que, pour tous les marins, passer l'équateur est une étape particulièrement symbolique, mais c'était abstrait avant que je le vive ! Je le vois surtout comme un pas de plus vers notre destination.

Normalement, la tradition est de donner de l'alcool à Neptune en offrande, mais nous n'en avons pas sur le bateau (sinon papa l'aurait déjà bu !). Alors nous lui offrons ce qui est le plus cher à nos yeux : notre dernier morceau de nougat. Papa partage le sien en deux et n'en laisse qu'une moitié à Neptune – l'autre, il la mange. Moi, je jette dans l'eau mon morceau entier. L'idée est de lui demander pardon pour tout ce que nous balançons par-dessus bord (notamment nos seaux d'urine et d'excréments) et de le prier de nous accorder de bons vents et une route sûre pour la suite de notre traversée. Cinq minutes à peine après notre offrande, il se met à pleuvoir !

Mon bizutage est moins méchant que ce dont j'avais entendu parler, mais pire que ce à quoi je m'attendais ! Étant donné que papa a coutume de se raser la tête quand il passe l'équateur, lorsqu'il me fait asseoir sur une chaise sur le pont, je pense qu'il va me couper une mèche de cheveux et la jeter dans l'océan… Papa me dit qu'on lui a suggéré toutes sortes de rites de passage, le plus répandu consistant à jeter de l'huile de moteur sur le « bizut », alors je m'en sors bien avec mes deux œufs sur la tête – même si les œufs sont une denrée précieuse à bord et qu'il ne nous en reste que six ! Ce qui m'agace, c'est que j'ai fait ma lessive hier et là, je suis désormais de nouveau sale et trempée sans plus rien pour me changer : merci, papa !

Je prends ma première douche depuis quinze jours. Au revoir l'hémisphère Sud, bonjour l'hémisphère Nord ! C'est la dernière ligne droite !

Sébastien

Nous quittons le pot au noir et le ciel s'éclaircit. Nous avons enfin des conditions de navigation acceptables. Je pensais que nous serions coincés plus longtemps dans les orages de la zone de convergence intertropicale des alizés (quel nom barbare ! mais « pot au noir » n'est pas mieux...), et je suis bien heureux de m'être trompé... Espérons que Neptune ne changera pas d'avis.

Nous naviguons dans un océan sale, envahi par les algues et incroyablement pollué. Au fur et à mesure que le bateau avance, nos regards se posent alternativement sur une bouteille en plastique, une canette, un sac plastique... C'est une espèce de tourbillon qui amasse tous les déchets environnants. Nous sommes obligés de couper le courant, parce que le moteur est toujours hors service, que nous n'avons plus d'énergie, qu'il n'est plus possible de recharger et que les hydrogénérateurs ne fonctionnent plus à cause de l'énorme quantité d'algues.

Cela fait déjà près de cinquante jours que je suis en mer avec ma fille ! Elle est égale à elle-même : heureuse de vivre, calme, de bonne humeur, mais aussi parfois paresseuse et dans sa bulle, un peu rêveuse… Je me souviens de l'époque où Jade et Marshal apprenaient à nager. Ils devaient avoir 5 ou 6 ans. Tous deux écoutaient attentivement les instructions du maître-nageur. Marshal exécutait parfaitement tous les mouvements, tandis que Jade avait besoin d'un petit coup de pouce. Ils devaient nager d'un point A à un point B. Marshal s'est appliqué jusqu'au bout et a réussi, mais Jade s'est subitement arrêtée au milieu de son parcours et a demandé avec un grand sourire : « Qu'est-ce que je suis censée faire, déjà ? » Cela m'a stupéfié : alors qu'elle se débrouillait très bien, elle avait soudain oublié ce qu'elle devait faire – mais n'était pas du tout désemparée pour autant. Douze ans après, sur le pont du bateau, je revois cette petite fille devenue grande, mais dont je sais qu'elle pourrait encore agir de la sorte aujourd'hui.

Cela va faire vingt-cinq jours que nous avons quitté Cape Town, soit le temps qu'il nous a fallu pour rallier l'Afrique du Sud à partir de Perth à travers l'océan Indien. Jade et moi partageons le sentiment que cette deuxième tranche de vingt-cinq jours est passée très vite, mais que les trois semaines qui nous séparent encore de Toulon vont nous paraître interminables ! Selon mes calculs, nous devrions accoster à Toulon aux alentours du 20 février.

Jade et moi peaufinons notre programme en France. Nous passerons quelques jours à Toulon avec Mamita, puis à Paris pour mon travail. Ensuite nous irons à Vannes, où nous avons beaucoup de gens à voir, à commencer par mon jumeau, Hugues. Après la Bretagne, nous rendrons visite à mon cousin Benoît aux Sables-d'Olonne. Nous ferons un tour en Dordogne chez des amis qui viennent d'y acquérir une maison. Et pour finir, nous irons à Bayonne voir Tiphanie et Romain : il me tarde ! Ces deux semaines de vadrouille dans l'Hexagone permettront à Jade de se familiariser avec son second pays et de perfectionner son français. C'est sûrement le meilleur moyen pour elle de s'acclimater à la France.

Je repense à Marshal et à son attitude de ces jours derniers. Il a décidé d'aller aux États-Unis le mois prochain et je lui ai dit que je n'étais pas d'accord. Furieux, il m'a traité de con, ce qui est inacceptable. Je suis exaspéré par son comportement. Il a plutôt intérêt à s'excuser…

Une bonne nouvelle m'arrive aujourd'hui : mon frère aîné Jean-Gui m'annonce qu'il vient de quitter Les Sables-d'Olonne à bord de *Terre exotique* (le bateau de mon Vendée Globe 2016) et qu'il ramène le bateau à… Toulon ! Il espère être à Gibraltar le 16, soit à peu près à la même date que nous ! Ce serait formidable que nous nous retrouvions là-bas et que nous finissions la route ensemble jusqu'à Toulon !

Si le vent persiste à ne pas souffler, nous allons prendre du retard sur notre calendrier… J'ai envie de proposer à Marine de nous rejoindre sur l'île de Lanzarote, où nous pourrions nous poser quelques jours pour la récupérer, puis de repartir vers la France avec nous, ou au moins pour une partie du trajet restant. Ce serait pour Jade et Marine l'occasion de se rencontrer enfin, et pour moi le bonheur d'avoir ma fille et ma compagne ensemble sur *Merci*. Quand j'en parle aux intéressées, elles sont toutes les deux partantes ! Il faut que je me renseigne sur le protocole sanitaire en vigueur aux Canaries.

Je suis quand même un peu inquiet de la façon dont Jade accueillera Marine à bord. Certes, elles se sont déjà parlé sur WhatsApp et semblent avoir sympathisé ; mais Jade a déjà rencontré plusieurs de mes ex-copines et ça ne s'est jamais très bien passé. En l'occurrence, cela fait un mois et demi que nous vivons en vase clos, elle et moi ; un mois et demi qu'elle a son papa pour elle toute seule. Va-t-elle accepter de le « partager » ? Peut-être aura-t-elle peur que Marine ne lui vole son papa ? Peut-être ne s'apprécieront-elles pas ?

Jade

Papa m'a informée qu'il envisageait de faire venir Marine sur le bateau quelques jours avec nous. Je lui ai dit que j'étais d'accord. L'idée, c'est de faire une escale à Lanzarote et d'y passer deux ou trois jours, ce qui me va parfaitement ! Ensuite, Marine montera avec nous à bord et nous la déposerons un peu plus loin sur la route. Je n'ai jamais trop aimé les copines de mon père ; non qu'elles n'aient pas été gentilles, mais je ne voulais pas d'elles dans ma vie. C'est un peu bizarre pour moi d'accueillir quelqu'un sur le bateau alors que cela fait deux mois que papa et moi ne vivons que tous les deux. Je dois admettre que je suis un peu stressée, nerveuse, à l'idée de rencontrer Marine dans ces conditions ; mais elle a l'air vraiment cool et papa l'aime beaucoup, donc je vais faire un effort et prier pour que cela se passe bien entre nous. Et puis, grâce à elle, nous allons pouvoir faire une pause sur la route, prendre une douche, aller au restaurant et reconstituer notre stock de chocolat !

— Allez, viens, papa ! N'aie pas peur ! Regarde-moi ! Je suis dans l'eau et il ne m'arrive rien !

Papa déteste nager dans l'océan. Il y a tellement peu de vent que nous sommes à l'arrêt, alors je me suis dit que c'était le moment idéal pour nager un peu ! Il y a 5 000 mètres de fond, la côte africaine est à plus de 1 500 kilomètres, c'est impressionnant. Je réalise que je suis peut-être le premier être humain à se baigner dans cet endroit précis de l'Atlantique… Ou peut-être que les derniers à l'avoir fait, ce sont les Vikings ! Il y a beaucoup d'algues et l'eau n'est pas très propre, mais finalement papa plonge également. À tour de rôle, nous remontons à bord pour sauter de nouveau dans l'eau, trois ou quatre fois de suite. On fait des photos, on rigole bien. Malheureusement, les photos sont presque toutes floues !

Depuis sa dispute avec papa au sujet du voyage aux États-Unis qu'il veut entreprendre seul au mois de mars, je n'avais pas de nouvelles de Marshal. Il vient enfin de m'écrire ! Il s'est excusé et j'en ai fait autant. Je suis rassurée, parce que je déteste quand nous sommes en froid. Je lui ai dit qu'il pouvait s'embrouiller avec qui il voulait, mais pas avec moi, sa sœur jumelle !

Je suis contente que le temps se soit amélioré. Papa est moins stressé qu'il ne l'était dans le pot au noir. Je n'aime pas le voir speed et angoissé par la navigation. D'autant que je ne peux rien faire pour l'aider.

La dernière partie du voyage semble glisser sur moi plus vite que je ne le pensais. J'ai du mal à me figurer que nous serons à Toulon dans environ deux semaines. Je ne sais pas exactement ce que je ressens à l'approche de l'arrivée tant attendue. Je n'ai pas l'impression d'avoir évolué tant que ça, et en même temps je sens bien que je ne suis plus exactement la Jade qui vivait à Perth. Sur le bateau, j'ai eu beaucoup de temps pour réfléchir et pour apprendre. Je n'ai pas vraiment changé d'avis quant à la suite de mes études, mais au cours de mes conversations avec papa, j'ai mieux cerné ce que je veux et ce que je ne veux pas. J'ai pris conscience du milieu privilégié dans lequel j'ai grandi à Perth, qui me semblait acquis et sur lequel je ne m'étais jamais posé de questions. Je suis peut-être un peu moins peureuse qu'avant ; c'est-à-dire que j'espère avoir désormais moins d'appréhension à faire des choses nouvelles, des choses que je pensais hors de ma portée. Je pense que j'ai davantage confiance en moi. Je me sens aussi plus connectée à la nature et consciente de ma petitesse, de mon insignifiance face à elle. J'espère que je vais continuer, une fois à terre, à réfléchir aux vraies valeurs, à donner plus d'importance aux hommes qu'aux choses matérielles.

Je songe à me rendre en Italie ou en Espagne, en avril ou en juin… J'aimerais bien faire un *road trip* en Europe. Il y a tellement de pays à portée de bus ou de train que j'ai envie d'en découvrir le plus possible. Si Alice vient en France, nous pourrions entreprendre ce voyage ensemble ! Sinon, j'irai seule. L'idée de voyager seule est à la fois un peu inquiétante et très excitante ! Et grâce à ce que j'ai appris sur moi pendant la traversée, je me sens tout à fait capable de me lancer dans une telle aventure. Il y a encore trois mois, cela m'aurait semblé impossible…

Nous venons de dépasser Tenerife, l'une des îles des Canaries. Nous serons à Lanzarote demain – j'espère à temps pour le petit déjeuner !

Sébastien

Nous arrivons à Lanzarote et découvrons une charmante petite marina, bordée de commerces et de restaurants. Une fois le bateau sécurisé à quai, nous nous précipitons dans le premier café venu pour commander un petit déjeuner « normal », comme nous n'en avons pas eu depuis Cape Town ! Œufs au bacon et café : un régal, juste avant notre longue douche ! Le reste de la journée est consacré aux lessives et à la flânerie le long de la marina. Alors que nous regardons les yachts de luxe, nous rencontrons un couple, Marco et Karine, qui nous invitent à boire l'apéro sur leur bateau de croisière. Nous passons un très bon moment avec eux et concluons cette journée idyllique par un copieux dîner dans un *steakhouse* que nous avions repéré un peu plus tôt.

Le 15 février, nous attendons l'arrivée de Marine. Nous étions censés aller la chercher à 10 h 15, mais elle nous a appelés une heure plus tôt pour nous dire qu'elle était déjà là. Décidément, cette femme est toujours pleine de surprises ! Elle nous rejoint donc en milieu de matinée. C'est bon de la revoir après trois mois de séparation ! La dernière fois que nous étions ensemble, c'était à Nouméa, le 8 novembre, quand j'ai quitté la Nouvelle-Calédonie pour rejoindre Perth. Marine est ravie de cette escale impromptue et elle a hâte d'embarquer avec nous pour quelques jours. Comme elle doit impérativement être en France le 23, nous la déposerons sans doute le 22 en Espagne, à Almeria ou à Malaga.

La priorité de la journée, c'est d'acheter quelques provisions – surtout du chocolat ! Nous devons porter un masque pour monter dans un taxi. Cela nous fait tout drôle, à Jade et moi. Nous nous rendons compte de la chance que nous avons eue de vivre sur le bateau pendant la période covid ! Nous achetons de quoi nous régaler une fois de retour sur *Merci*. Pour notre dernière soirée à quai, nous rencontrons un homme qui va fêter son anniversaire avec des copains et qui nous invite à nous joindre à lui. Nous acceptons avec plaisir et passons une très chouette soirée avec nos nouveaux amis.

Avant de quitter définitivement Lanzarote et de reprendre la mer, Marine, Jade et moi nous offrons une omelette pour le petit déjeuner. Au port, nous retrouvons Marco et Sébastien, les nouveaux amis rencontrés ici, venus nous saluer et nous souhaiter bonne route. Ils nous offrent une bouteille de vin et des chocolats ; leur attention nous touche beaucoup.

Bye, Puerto Calero ! C'était sympa de nous accueillir pour cette petite escale ! Nous sommes arrivés à deux et nous repartons à trois : ainsi va la vie !

Jade

Le café était si bon à Lanzarote ! J'ai eu un peu de mal à commander ce que je voulais exactement, mais j'ai fini par avoir ce que j'avais envie de goûter, une spécialité espagnole : un *cortado leche y leche*, un café avec un peu de lait concentré sur le dessus. C'était vraiment délicieux !

J'ai été stupéfaite du nombre d'anglophones présents à Puerto Calero : j'ai eu l'impression qu'il y en avait plus que d'Espagnols ! Il y avait même un pub anglais et plusieurs restaurants dont les cartes et les menus étaient typiquement britanniques.

J'ai adoré Karine et Marco. L'apéritif qu'ils nous ont invités à prendre sur leur bateau était très sympa, même si j'ai dû me concentrer toute la soirée pour essayer de suivre les discussions en français... C'était bizarre aussi de me retrouver en compagnie d'autres personnes, après tant de temps passé seule avec papa sur le bateau. Pour la première fois depuis longtemps, je n'étais pas le centre d'intérêt principal et je me suis sentie parfois comme une enfant à laquelle les adultes ne prêtent aucune attention. Je ne m'en plains pas, c'est juste que j'avais pris l'habitude d'être l'unique préoccupation de mon père – enfin, avec le bateau !

L'omelette que nous avons mangée le matin de notre départ n'était pas très bonne. J'aurais dû demander d'y ajouter du bacon. De retour sur *Merci*, j'ai appelé Kelsey pendant plus d'une heure, ainsi que Marshal, Alice et maman. Puis je me suis rendu compte que Marine et papa n'étaient plus là, alors je suis partie à leur recherche. Je les ai retrouvés dans un café. J'ai bu un chocolat chaud et nous avons acheté des salades pour notre déjeuner sur le bateau.

Dès que nous prenons la mer, Marine est malade comme je l'étais moi-même au départ de Perth : ça me rappelle des souvenirs ! Sa présence me fait un peu bizarre, c'est comme si l'équilibre de notre petit huis clos était rompu… d'autant qu'avec la barrière de la langue, je me sens parfois exclue de ses discussions avec papa. Mais Marine est vraiment sympa, et je suis sûre que, lorsque mon français sera meilleur, nous aurons de chouettes conversations, elle et moi. En attendant, je me montre très réservée, moi qui d'habitude suis une vraie pipelette !

Pour le dîner, papa prépare une tortilla agrémentée de fromage et de jambon, un régal ! Marine, toujours malade, ne mange pas. Papa et moi prenons ensuite notre habituel chocolat chaud du soir, et je vais me coucher sur un matelas de fortune installé dans le bateau pour laisser ma couchette à Marine. Ce n'est pas marrant d'être le seul enfant ! Blague à part, j'apprécie Marine. Et papa a vraiment l'air d'être bien avec elle, donc je suis contente pour lui. On verra si les quelques jours que nous allons passer tous les trois confirment cette bonne impression.

Sébastien

Marine est assise au salon de thé à profiter des rayons du soleil pendant que Jade déguste un rocher Suchard. Je lui ai tellement parlé de ces chocolats qu'elle n'en revient pas de pouvoir enfin en goûter un !

J'ai du mal à réaliser que nous sommes à moins d'une semaine de la fin de la « route de Jade ». Quel accomplissement pour ma fille d'avoir bouclé un demi-tour du monde sur un Imoca ! Jade, tu es une héroïne. J'espère que tu te rends compte de ta prouesse. Tu es un modèle pour beaucoup de jeunes filles et une inspiration pour toutes celles qui hésitent à se lancer des défis parce qu'elles ne se pensent pas capables de réussir.

Nous essayons de nous préparer des pâtes pour le dîner, mais c'est un échec cuisant. Nous les jetons par-dessus bord et mangeons une nouvelle fois de la polenta.

Le bateau tape dans les vagues et les conditions météo sont de nouveau assez dures avant Gibraltar.

Nous naviguons près des côtes et il faut être prudents. Je suis obligé de manœuvrer sans arrêt. Je dois mettre le réveil toutes les heures ou toutes les vingt minutes, tant il y a de choses à faire à bord. Jade et Marine sont couchées dans leurs bannettes et je ne peux pas compter sur elles pour m'aider. Mais je suis un héros aux yeux de ma fille et de ma compagne. Marine dit à tout le monde : « Sans déconnner, il est trop fort, mon mec ! Comment il fait ça ? Il passe la journée sur le pont à prendre des paquets d'eau dans la figure et il gère le bateau tout seul. Je suis impressionnée ! » Je ne vais pas me mentir, cela me fait plaisir de briller aux yeux des deux femmes que j'aime.

Le 22 février, nous déposons Marine à Marbella. Nous passons une nuit dans ce port de plaisance hyper luxueux, sans aucun intérêt ni aucun charme. La seule chose à retenir, hormis le tarif exorbitant de la place sur le quai, ce sont les repas fastueux que nous avons faits dans les restaurants du port. Tout le reste est à oublier : la moindre nuit d'hôtel ici coûte au moins 150 euros ! Je découvre que Puerto Banus est l'une des marinas les plus chères de la Méditerranée. C'est bon à savoir, je m'arrangerai pour ne jamais y revenir.

La mer d'Alboran n'est pas une partie de plaisir. Il y a un nombre incalculable de cargos et le vent d'est nous force à nous rapprocher des côtes algériennes. La peur de casser quelque chose avant notre arrivée m'obsède et ne me quittera plus jusqu'à Toulon. Nous naviguons dans la zone la plus dangereuse de tout le voyage. Entre la circulation, l'étroitesse de la mer, les courants et les vents changeants qui nous portent irrémédiablement vers les côtes, il faut rester vigilant vingt-quatre heures sur vingt-quatre.

J'apprends que, contrairement à ce que nous avions prévu, Jean-Gui ne sera pas à Toulon pour notre arrivée, mais en route pour les Caraïbes. Dommage ! Je contacte immédiatement quelques amis pour régler la question technique de notre entrée dans le port. Ils vont venir en Zodiac pour nous remorquer dans la rade de Toulon. Tout est organisé, me voilà rassuré.

Le vent a diminué progressivement, au matin il est quasiment tombé. L'accalmie dure plusieurs heures, ce qui me permet de prendre un peu de repos. J'en profite pour parler avec Jade de la guerre en Ukraine déclarée par Poutine la nuit dernière. Qu'une véritable guerre ait lieu aux portes de l'Europe nous paraît irréel et difficile à comprendre. Le reste de la matinée, je fais une petite sieste et tente de rattraper ainsi mes heures de sommeil en retard !

J'appelle Marine via WhatsApp. Je lui annonce que le dernier slam que j'ai enregistré, « Je te ferai », est presque prêt à sortir, et que j'ai décidé de le dédier à la femme adorable qu'elle est. Je crois qu'elle est émue aux larmes en apprenant cela.

Nous sommes désormais à moins de 500 milles de la fin de la « route de Jade ».

Jamais de tout le voyage nous n'avons eu une mer aussi agitée et un vent si fort. Je suis tellement fatigué que je n'ai pas entendu mon réveil sonner et j'ai dormi cinq heures d'affilée. Ce n'est vraiment pas une bonne idée quand on navigue aux alentours d'Ibiza ! N'importe quoi aurait pu arriver pendant mon sommeil, j'ai vraiment merdé ! Heureusement, il n'y a pas eu de problème cette fois-ci, mais il faut que je fasse plus attention. Tout le monde sait que la plupart des accidents arrivent quand la pression se relâche. Je m'en veux terriblement, je suis même en colère contre moi-même, ce qui n'est pourtant pas mon style : « Sébastien, reste concentré ! Ce voyage est loin d'être terminé et un accident est vite arrivé ! » Comme je suis de mauvaise humeur, un rien m'agace ce matin. Je vois bien que Jade est un peu mal à l'aise de me voir comme ça. Je suis désolé, ma fille chérie, tu n'y es pour rien, c'est de ma faute et ça n'a vraiment rien à voir avec toi. Je me rends compte que ma fille est assez perméable à mon humeur, je devrais faire plus attention à elle, me contrôler lorsqu'elle est avec moi. Je suis tellement habitué à vivre seul et à me comporter en vieux loup solitaire que je ne me rends pas compte que parfois mon comportement peut être mal perçu et mal interprété par les gens qui m'entourent.

Marine a été touchée par mon slam. Elle m'a dit l'avoir écouté une bonne douzaine de fois. Je n'en reviens pas… Au moins, elle apprécie mon cadeau ! Même son père m'a envoyé un message de félicitations ; j'en déduis que Marine le lui a fait écouter, ce qui me touche à mon tour.

Dans trente-six heures, notre voyage sera fini… Contrairement à mes deux Vendée Globe, tout s'est plutôt bien passé avec l'Imoca, même si nous avons dû nous arrêter à Cape Town parce qu'il avait besoin de réparations. J'ai la chance d'avoir navigué sur un très bon bateau, très solide. Merci à *Merci* ! Avec Jade, il y a eu des hauts et des bas, mais les premiers ont été beaucoup plus nombreux que les seconds et je lui en sais gré. Je l'aime plus que tout, cette petite. Je regrette de ne pas avoir été capable de faire tout ce que j'aurais aimé faire pour elle, de ne pas avoir été plus présent. C'est en vivant avec elle vingt-quatre heures sur vingt-quatre pendant plus de soixante jours que j'ai compris à quel point j'ai été absent par le passé.

Plus la fin de notre « route de Jade » approche, plus je me sens mélancolique. Jade est une tellement belle personne : attentionnée, affectueuse, facile à vivre, joyeuse… Parfois, je me demande pourquoi les relations qu'elle a avec sa mère sont si tendues. Mais c'est vrai que l'une et l'autre sont de vraies têtes de pioche, alors forcément, quand elles se heurtent, ça fait des étincelles…

Jade

Quand je me suis réveillée ce matin, papa et Marine avaient de nouveau disparu. Je les ai cherchés, mais ne les ai pas trouvés. Quelque temps après, papa est revenu tout seul, il était allé conduire Marine à l'aéroport. C'était vraiment chouette d'avoir Marine avec nous pendant ces cinq jours, mais je ne suis pas mécontente d'être de nouveau seule avec mon papa, comme avant. En plus on va de nouveau parler anglais, cela va me reposer un peu. Avant le départ, je mange un dernier muesli et bois un *cortado* sur le port. Plus que trois jours avant d'arriver à Toulon. Je n'en reviens pas !

Malheureusement, notre départ est un peu compliqué. Au début, il n'y a absolument pas de vent et nous passons près de trois heures à la sortie du port sans pouvoir avancer. Cela me donne le temps d'admirer le paysage depuis le bateau. Je me rends compte de l'insignifiance des constructions humaines, même les plus hauts immeubles sont minuscules comparés aux montagnes. Une fois de plus, je me dis que la seule attitude que l'homme devrait avoir face à la nature, c'est l'humilité.

Je suis heureuse que papa et moi nous entendions si bien. J'ai adoré passer ces deux mois avec lui. Nous étions restés si longtemps sans nous voir que je suis ravie que nous ayons rattrapé un peu le temps perdu et appris à mieux nous connaître. Je l'aime infiniment et je lui suis très reconnaissante de m'avoir acceptée dans ce voyage. Cela m'a apporté beaucoup de choses ; mais ce qui est sans doute le plus important, c'est que cela nous a rapprochés.

Le vent se lève enfin et nous pousse vers notre destination finale. Si tout va bien, nous serons à Toulon dimanche. J'espère qu'il n'y aura pas trop de monde à notre arrivée, car cela voudrait dire que je devrai parler français avec plein de gens et ça me stresse… Après deux mois passés en tête à tête avec papa, excepté l'aparté avec Marine, je ne sais plus trop comment me comporter en société, comment entretenir une conversation avec quelqu'un, comment bien agir… et encore moins en français ! S'il y avait plus de dix personnes pour nous accueillir, je serais vraiment en panique… C'est l'une de mes craintes pour ma vie future à Toulon : et si je ne comprends pas les gens qui voudront me parler ? Et si je les déçois ?

Je suis émerveillée par les nappes de plancton phosphorescent qui s'allument dans le sillage du bateau. On dirait plein de petites lucioles qui contrastent avec la nuit noire sous laquelle nous naviguons. Quand je pense que la majorité des gens ne verront jamais ce que je peux voir en ce moment, je prends encore plus conscience de la chance inouïe que j'ai de vivre cette aventure avec mon père. À l'avenir, je tâcherai de ne jamais oublier de remercier le ciel pour tout ce que la vie m'a offert.

L'alarme de papa m'a réveillée à intervalles réguliers toute la nuit. Je n'aime pas quand mon précieux temps de sommeil est interrompu par la sonnerie de son réveil. Papa m'a dit que j'étais « une vraie Destremau » : je laisse toujours les autres faire le travail à ma place ! Ce n'est pas faux : pour moi, travailler intelligemment, c'est savoir économiser ses efforts !

Plus qu'une nuit avant d'arriver à Toulon. Je pense qu'en débarquant, je n'aurai que trois envies : prendre une douche, faire un bon repas et dormir dans un lit ! Cela va me faire tout drôle de ne plus être sur le bateau. Cela me manquera un peu, je pense, tout comme passer du temps avec papa.

Nous jouons aux cartes pour la dernière fois du voyage. Je perds. Nous refaisons une partie de crapette, car il est hors de question que je finisse l'aventure sur une défaite !

Je suis partagée entre la hâte et l'appréhension de voir ma famille française. J'espère qu'ils m'aimeront bien et que je vais vite progresser en français pour pouvoir mieux communiquer avec eux.

Je n'arrive pas à croire que demain la « route de Jade » se termine !

Sébastien

Cette semaine en Méditerranée a été de loin la pire que nous ayons connue depuis notre départ de Perth. Les conditions étaient terribles, j'ai vraiment eu peur de casser le bateau… jusqu'à ce qu'il n'y ait plus un souffle de vent, à 60 milles de l'arrivée !

Le mardi 1er mars 2022, à 3 h 17, nous accostons à Toulon. C'est la fin de la « route de Jade ».

Nous étions attendus la veille à midi et Marine avait organisé une grande réception pour nous. Mais nous avons eu tellement de retard que, naturellement, les gens sont rentrés chez eux. Sur le Zodiac venu nous chercher en mer, il n'y a donc que Marine, Jean Rameil et un couple que nous ne connaissons pas. Ces deux personnes sont venues de Sète exprès pour nous accueillir, elles ont rencontré Marine, se sont invitées à la fiesta, se sont fait embarquer sur le Zodiac… et sont en train de vivre un moment exceptionnel en assistant en *live* à l'arrivée de notre bateau ! Sans savoir qui ils sont, je les fais monter à bord pendant que Marine et Jean remorquent le bateau. Ils n'en reviennent pas d'être sur *Merci*, ils sont aux anges !

Nous entrons dans le port et affalons la voile. C'est féerique : il est 3 heures du matin, il fait nuit noire, il n'y a pas un bruit – pas même celui du moteur, puisqu'il est électrique – et, sur le quai désert, il y a juste un mec qui nous attend. Je l'interpelle :

— Si on t'envoie les aussières, ça te dérange de les accrocher ?

— Non, non, pas du tout, envoie !

— Tu sécurises le bateau et on arrive !

Je lui lance les aussières et il accroche parfaitement l'Imoca.

Jade et moi rassemblons toutes nos affaires, prenons nos sacs et débarquons. Dès que je mets le pied à terre, je me retourne vers ce si beau bateau et je lui dis : « Merci pour tout ! » Pour moi, cette vie de « vendée-globiste » est terminée. Une page se tourne et je vais ouvrir un nouveau chapitre.

Le couple sétois sort une demi-bouteille de champagne et trois gobelets en carton, Marine a apporté deux ou trois trucs à grignoter. Et on se retrouve tous les sept, debout devant le bateau, à célébrer la fin de notre aventure en buvant une gorgée de champagne chacun… vu la taille de la bouteille ! Ce n'est pas grave, c'est pour marquer le coup. On fait péter les fumigènes, super, on a fêté ça « comme il faut »…

Il est 4 heures du matin, on commence à songer à aller se coucher. Et là, problème : comment va-t-on faire pour rentrer à la maison ? Notre Clio, avec laquelle Marine est venue, est une voiture commerciale, il n'y a pas de sièges à l'arrière. Or nous sommes trois, plus tous les bagages… L'inconnu des aussières intervient alors :

— Je vous ramène, j'ai une grande voiture. On met les sacs dans la Clio, ce qui ne rentre pas on le met dans mon coffre, et je vous conduis chez vous.

— T'es sûr ?

— Mais oui.

— Mais Saint-Jean-du-Var, c'est ta route ?

— Peu importe, je vous ramène.

— OK, *go*, super sympa.

On charge sa voiture, on salue les invités, Marine se met au volant de la Clio et Jade et moi partons avec cet homme, qui nous dépose peu après devant chez moi. Nous avons un peu discuté pendant le trajet – qui est très court –, et ce n'est qu'au moment de descendre de sa voiture que je pense à lui demander :

— Mais au fait, t'es qui, toi ?

Il se tourne vers moi et me répond :

— Moi, je ne suis personne. Absolument personne. J'étais là il y a cinq ans quand t'es arrivé avec ton bateau, après le Vendée Globe. Et pour rien au monde je n'aurais raté ton arrivée cette nuit.

— Est-ce que tu te rends compte que tu es le seul à avoir assisté à ces deux arrivées ?

— Je vous ai surveillés sur l'AIS[1] et il était hors de question que je ne sois pas là.

— Salut, « Personne », et merci !

— *Ciao.*

Il est reparti sans que je sache son prénom ! Il m'a dit qu'il n'était personne, alors désormais, pour moi, il s'appelle « Personne ».

Cette arrivée est complètement différente des précédentes. En 2016, à mon retour du Vendée Globe aux Sables-d'Olonne, j'avais été accueilli par des dizaines de milliers de personnes, des confettis et des feux d'artifice ; et quand j'avais ramené le bateau à Toulon, le quai était noir de monde, il y avait même des hommes politiques qui avaient fait des discours ! En cette nuit de mars, pour l'arrivée de la « route de Jade », il y a juste eu un Zodiac, avec à son bord Marine, Jean et les deux fans, et sur le quai, cet inconnu qui nous attendait, « Personne ». Et moi, j'ai clos ce chapitre dès que

1. Automatic Identification System.

j'ai posé le pied à terre et remercié *Merci*. Bateau à vendre. *Bye bye !*

Nous sommes entrés, Marine nous a rejoints peu après, on a pris une douche et on s'est installés ici. Et voilà, c'est fini, on passe à autre chose. Joli, non ?

Ce clap de fin, je l'ai trouvé fabuleux.

Ma vie de coureur d'océan, de conquérant de l'inutile, est révolue. Traverser l'océan à toute vitesse, utiliser la mer comme terrain de compétition, faire le tour du monde en solitaire, sans escale, sans assistance et sans pitié – parce que le Vendée Globe est impitoyable –, c'est cela que j'appelle la conquête de l'inutile. Ça ne sert à rien.

En revanche, ma vie de marin et d'aventurier, elle, va continuer. J'ai l'intention de réaliser deux projets que je caresse depuis très longtemps : me balader en bateau dans les îles du Pacifique et prendre un an ou deux pour faire le tour de l'Australie en camping-car. Mais une chose est sûre, c'est que je ne le ferai pas tout seul, car j'en suis incapable.

En attendant, Marine et moi avons d'autres projets encore. La « route de Jade » est terminée et la vie se déroule désormais sur terre.

Jade

Le voyage de Perth à Toulon a été incroyablement riche pour moi. Une des premières choses qu'il m'a permis de comprendre, c'est que pour être heureux on n'a pas besoin de biens matériels, de ce qu'on appelle le « confort moderne ».

Ce n'est pas aussi grave que l'on pourrait le penser de ne pas prendre une douche tous les jours. Sur le bateau, ce n'est pas ma salle de bains qui m'a manqué, ce sont mes proches ! J'ai pu ainsi savoir qui étaient mes vrais amis, ceux qui ne m'ont pas abandonnée, même dans cette expérience un peu hors du commun que je vivais et qui était si difficile à imaginer pour eux. Bien sûr, j'ai eu quelques déceptions ; mais au moins, je suis sûre maintenant que les personnes qui m'entourent en valent vraiment la peine, et je ne les en apprécie que davantage.

Après ma traversée en bateau avec mon père, beaucoup de gens m'ont dit : « J'aimerais bien faire un voyage comme le vôtre avec mes enfants, mais c'est trop compliqué. Je ne peux pas laisser mon emploi, ma vie quotidienne... » C'est important, bien sûr, de travailler, d'avoir un bon salaire, mais je trouve dommage de ne pas tout faire pour réaliser ses rêves. On risque de se réveiller un jour à 80 ans et de se dire : « Je n'ai fait que travailler, je n'ai pas fait ce que je voulais de ma vie. » Certaines personnes m'ont dit que j'avais plus vécu à 18 ans qu'eux à 50, et cela me rend triste.

On n'a pas non plus besoin d'argent pour être riche : la « route de Jade » m'a énormément apporté. Le temps que nous avons passé ensemble, papa et moi, est inestimable. Ce que j'aimerais dire aux gens, c'est que tout le monde est capable de libérer du temps pour vivre une expérience similaire avec sa famille. Pas forcément, bien sûr, pour partir en bateau pendant deux mois : peu importe le voyage, peu importe le moyen de transport. Ce qui compte, c'est de partager une expérience particulière avec ses proches, de renforcer les liens filiaux et de se fabriquer des souvenirs.

Si j'avais décidé d'interrompre ma traversée à Cape Town et de rejoindre la France en avion, je l'aurais regretté. Peut-être pas tout de suite, mais dans quinze, vingt ans... J'ai envie de m'approprier les paroles de papa et de dire aux gens : « Si tu veux vraiment faire quelque chose, fais-le. Donne-t'en les moyens. Peut-être penses-tu que tu ne peux pas ou que tu n'en es pas capable. Mais si tu n'essaies pas, alors tu as déjà échoué. »

Sébastien

Avoir l'occasion de partir avec son enfant, par quelque moyen que ce soit, est une vraie chance. Beaucoup de gens aimeraient pouvoir le faire. Dans mon cas, ce qui a rendu la « route de Jade » encore plus belle, c'est que nous n'étions que tous les deux, ma fille et moi, sur le bateau, sans personne à des kilomètres à la ronde. Sur terre, il est toujours possible de s'arrêter, de descendre de voiture, même si c'est juste pour s'éloigner un peu de l'autre pendant cinq minutes. En bateau, il n'y a aucune échappatoire, on vit à fond l'isolement, la solitude et la promiscuité permanente. Cette absence de choix rend le voyage encore plus formidable, ou encore plus difficile, selon son état d'esprit.

Il n'a pas été difficile pour moi, et c'est en grande partie grâce à Jade. OK, c'est ma fille, mais c'est surtout une très belle personne. Elle est très facile à vivre, rien à voir avec l'ado grognon qui râle tout le temps. Elle est peut-être un peu comme ça avec sa mère, mais pas avec moi. Je n'ai donc aucun reproche à lui faire. On nous a souvent demandé, à Jade ou à moi, si nous ne nous étions pas trop engueulés à bord – les relations parents-adolescents étant réputées pour être plutôt conflictuelles ! Si j'étais parti avec Marshal, les choses auraient été sans aucun doute plus compliquées. Mais tout a été fluide avec Jade. J'ai la chance d'avoir une fille au caractère exceptionnel. Et je suis très heureux que nous nous soyons rapprochés sur le plan affectif.

Merci est un bateau très rudimentaire, très rude. Je reconnais que, pour ma fille, il aurait été plus facile de partir sur un bateau de croisière que sur un Imoca. Mais l'Imoca est le seul bateau que je connais, et de surcroît que je possède ! J'ai donc adapté à mes moyens mon projet de faire ce demi-tour du monde avec Jade. De toute façon, quel que soit le moyen de transport que j'aurais choisi, Jade serait venue avec moi – même à dos de dromadaire –, et c'est ça le plus important.

Jade

Mon père, aujourd'hui, m'impressionne. Avant de partir avec lui pour la « route de Jade », je ne comprenais pas vraiment ce qu'il faisait. Pour moi, il n'avait pas de véritable métier. En passant soixante-huit jours en mer avec lui, j'ai réalisé à quel point il était difficile de naviguer sur un Imoca. Ses Vendée Globe m'ont alors paru plus héroïques. Au cours de sa vie – qui sort des sentiers battus, c'est le moins que l'on puisse dire –, mon père s'est toujours investi à 100 % dans tout ce qu'il a entrepris. C'est quelqu'un qui a toujours des projets et qui se donne les moyens de les réaliser. Il est travailleur, courageux, j'ai beaucoup de respect pour lui.

Notre demi-tour du monde nous a indéniablement rapprochés, nous qui ne nous étions pas vus depuis presque trois ans. Nous nous sommes toujours très bien entendus, papa et moi, et cela n'a fait que se confirmer dans un espace aussi clos et exigu que le bateau. Avec moi, il s'est montré prévenant et attentionné, beaucoup plus qu'il ne l'est d'habitude. Tous les matins, il me réveillait avec un mot gentil et une tasse de thé chaud qu'il me tendait à travers le rideau de ma bannette. Lorsque j'ai été malade, il m'a donné un seau et m'a dit : « Tiens, c'est ton nouvel ami. » Pour que je ne m'ennuie pas trop, nous avons passé beaucoup de temps ensemble à jouer aux cartes ou simplement à discuter. Il m'a parlé de son enfance, de ses relations compliquées avec son père, puis de celles qu'il a eues plus tard avec mes trois demi-frères et sœur, Florian, Romain et Tiphanie. Il n'a pas pu être présent pour eux comme il l'a été pour Marshal et moi, car la situation avec leur mère était plus difficile qu'avec la mienne. Je dois reconnaître que ma mère a toujours été exemplaire sur ce point. Elle n'a jamais dit de mal de papa et nous a toujours autorisés à le voir autant que nous le pouvions. J'ai beaucoup de gratitude envers maman pour cela.

Papa m'a raconté en détail ses deux Vendée Globe. Mais maintenant que je sais comment cela se passe pour avoir vécu avec lui sur *Merci* pendant deux mois, je ne veux pas qu'il reparte, c'est trop dangereux.

Il m'a aussi parlé de sa rencontre avec Marine et m'a raconté la prise d'otages qu'elle a résolue en Somalie il y a une quinzaine d'années, alors qu'elle était encore pilote d'hélicoptère dans la marine. Cela n'a fait que renforcer l'admiration et la sympathie que j'ai pour elle.

Le 4 avril 2008, *Le Ponant*, voilier de 88 mètres, revient d'une croisière de luxe aux Seychelles, faisant route vers la Méditerranée. Pour les pirates, très actifs dans le golfe d'Aden, c'est une cible privilégiée, car il se déplace lentement et possède une faible hauteur de coque. Depuis plusieurs nuits, il navigue tous feux éteints et son AIS est coupé, pour qu'il ne se fasse pas repérer par des pirates. Mais à 23 heures, le commandant détecte un écho de radar. Il sort ses jumelles et identifie un bateau de pêche arrêté en travers de sa route. Deux embarcations rapides quittent ce bateau et s'approchent du *Ponant*. Un quart d'heure plus tard, le voilier est pris d'assaut par une douzaine de pirates somaliens armés jusqu'aux dents. Ils maîtrisent rapidement les trente membres d'équipage, mais le commandant a quand même eu le temps de diffuser un message d'alerte. Celui-ci est capté par *Le Var*, un navire de la marine française qui patrouille dans la zone. Le 6 avril, les pirates négocient avec l'armateur, qui accepte de verser une rançon de 2,15 millions de dollars et, cinq jours plus tard, les otages sont libérés.

Les pirates se divisent en plusieurs groupes et rejoignent au plus vite les côtes somaliennes. Mais à peine une heure après leur fuite ils sont repérés par un avion de patrouille français ; un raid héliporté est alors lancé pour les intercepter. C'est là que Marine entre en jeu. Elle pilote l'un des hélicoptères qui vont mener l'assaut contre les pirates à terre. L'opération est un succès : six hommes à bord d'un 4 × 4 sont appréhendés et transférés en France pour être jugés. Marine a participé à cette épopée ! Je suis fascinée par ce récit. Je comprends pourquoi papa tient tant à elle et ne tarit pas d'éloges à son sujet. C'est une femme très engagée et très courageuse. Aujourd'hui, elle est infirmière libérale. Elle aura consacré sa vie à sauver les autres.

Maintenant que j'ai passé autant de temps avec papa, je suis désormais très désireuse de rencontrer ma famille française. Je ne l'ai pas vue depuis si longtemps ! Je veux rester en France et être plus proche d'eux maintenant. Notamment de Mamita à Toulon et de ma sœur Tiphanie à Bayonne. J'ai hâte de mieux les connaître.

Sébastien

À 18 ans, Jade est déjà riche d'une grande expérience. Ce long voyage en mer lui a permis de surmonter son manque de confiance en elle et sa timidité. Elle est plus armée pour affronter le monde et les aléas de la vie. Jade s'est affirmée ; désormais elle peut faire ses propres choix et se sait enfin capable de bien plus de choses que ce qu'elle croyait.

Pour prendre la décision de vivre des expériences d'une telle envergure, il faut avoir du caractère. Et c'est une chose que nous avons en commun, Jade, moi… et Marine.

Il y a une personne que j'aime beaucoup, que je trouve très inspirante, c'est Mike Horn. Il dit souvent : « Si tu attends d'avoir 95 % de réponses aux questions que tu te poses pour faire quelque chose, tu ne fais jamais rien. » Et aussi : « Pars avec les 5 % de réponses à toutes les questions que tu te poses par rapport à ton objectif. Le reste des réponses, tu les trouveras en cours de route. » C'est tout à fait ma façon de penser.

Chacun son Vendée Globe ou sa « route de Jade ». Ce qui compte, c'est de prendre son enfant et de s'en aller, si c'est ce que l'on a vraiment envie de faire. Même si l'enfant en question est un ado et qu'il rechigne à partir parce que par définition ses parents l'énervent, au bout d'un certain temps de l'aventure commune, les choses changent. Ne serait-ce que parce que si l'ado en question a un minimum de jugeote, il ne va pas passer deux mois à bouder dans son coin…

Pendant la traversée, je n'ai pas couvé Jade plus que de raison, mais j'ai pris soin d'elle. Tous les matins, à son réveil, je lui apportais une tasse de thé. Parfois, elle exagérait : elle était derrière son rideau et je ne savais pas si elle était réveillée ou non, et tout à coup je voyais un bras qui se tendait comme pour me dire : « Ben, il est où mon thé ? », alors qu'elle n'avait pas prononcé un mot. D'autres fois, je savais qu'elle était réveillée parce que je la voyais lire sur son Kindle, mais je la laissais bouquiner. Elle ne me disait même pas bonjour, elle tendait la main pour avoir sa tasse de thé et c'est tout. Plus tard elle se levait, me parlait et nous commencions notre journée. Jamais cela ne se serait passé comme cela avec mon père – de toute façon, il ne m'aurait jamais préparé une tasse de thé non plus !

Je dois reconnaître que je me suis occupé de Jade durant cette traversée comme je ne l'avais fait avec aucun de mes enfants auparavant. Nous avons vécu pendant deux mois dans un milieu hostile – non seulement à cause du danger, de l'inconfort, des conditions atmosphériques capricieuses, mais du fait du bateau lui-même, qui était tout sauf accueillant, tout sauf « cocooning ». Et dans un milieu aussi rude, nous ne pouvions qu'être solidaires et veiller l'un sur l'autre. Je faisais attention à Jade, comme elle faisait attention à moi. Un *deal* tacite nous liait, que l'on pourrait résumer par : « Nous sommes tous les deux sur une coquille de noix en pleine mer, donc on va se tenir la main ; moi je te prépare une tasse de thé tous les matins, et toi tu me soutiens moralement. » Pour un adolescent, c'est une expérience très formatrice humainement.

Partir avec son enfant faire une « route de Jade », *sa* « route de Jade », est pour lui, à une période où il se sent un peu perdu, une formidable occasion de s'assurer – même inconsciemment – de l'amour de ses parents. Bien sûr, une expérience de ce genre n'est pas exempte de difficultés, y compris relationnelles. Mais l'enfant en ressortira avec la certitude que ses parents sont là pour lui, qu'ils veillent à sa sécurité et qu'il peut les suivre en toute sérénité. Savoir cela est éminemment constructeur pour un enfant en général, mais ça l'est mille fois plus dans un environnement hostile. Une des raisons pour lesquelles cela s'est si bien passé entre Jade et moi, c'est qu'elle savait qu'à tout moment elle pouvait compter sur moi.

Jade

Depuis que je suis partie de Perth, j'ai pu réfléchir longuement sur mon avenir.

Normalement, après douze ans de scolarité, à peine le bac passé et les vacances d'été terminées, on entame des études supérieures. C'est du moins ce que font la majorité des jeunes, mais à mon avis ils le font plus par conformisme que par réelle motivation. Selon moi, c'est important de prendre le temps de savoir quel genre de vie on a vraiment envie de vivre. J'avais décidé de faire une année de césure pour prendre ce temps de réflexion et m'enrichir de nouvelles expériences. Auparavant, je m'étais projetée en professeure d'anglais. J'étais d'ores et déjà admise dans plusieurs écoles en Australie pour commencer cette formation en février 2023, mais mes deux premiers mois d'année sabbatique en mer m'ont permis de comprendre que je ne voulais pas réellement être professeure d'anglais. J'étais bonne en anglais et j'étais déjà prof de danse, donc je pensais tout naturellement que l'enseignement était fait pour moi ; mais en discutant avec papa, je me suis rendu compte que j'avais d'autres ambitions et d'autres centres d'intérêt.

C'est lors de la traversée que j'ai vraiment décidé de faire mes études en France. Ce pays ouvre de nombreuses voies, et je pense savoir désormais ce qui me plairait. Je me vois bien travailler dans l'humanitaire ou dans un métier en relation avec le droit…

En revanche, je ne me vois pas faire le même travail toute ma vie – peut-être que je tiens cela de papa. J'aime l'idée de rester souple et de m'adapter à la vie telle qu'elle vient. La « route de Jade » est une décision que j'ai prise sur un coup de tête ; j'étais curieuse de savoir si l'expérience vécue me conforterait ou non dans ce choix de partir faire un demi-tour du monde en bateau. De deux choses l'une : soit j'allais me découvrir une passion pour la voile, soit je m'apercevrais que cela ne me branche pas du tout. Dans les deux cas, je mettrais un point d'honneur à terminer ce que j'avais commencé et j'en tirerais ensuite une conclusion – en l'occurrence, celle-ci : « Expérience à ne pas renouveler ! »

Cet été, j'ai fait la saison à Bayonne. Je logeais chez ma sœur Tiphanie. J'étais femme de chambre dans un grand hôtel, ce qui est assez cocasse quand on pense à la façon dont je vivais sur *Merci*. J'ai fait le ménage dans des chambres luxueuses alors que j'ai vécu pendant deux mois avec le strict minimum, j'ai fait des lits au carré alors que j'ai dormi pendant deux mois dans une bannette spartiate ! C'était tellement à l'opposé de mon mode de vie depuis que j'ai quitté Perth ! Mais cela a rendu ce job encore plus formateur.

J'ai formé le projet d'aller cet automne en Italie avec Clément, un ami de mon père. Clément Faure connaît papa depuis qu'il est enfant. Il est plus jeune que lui et, en tant que Toulonnais et pratiquant la voile lui aussi, il admirait mon père. Il paraît que c'était même un bon navigateur. Il y a quelques années de cela, Clément a décidé de plaquer la vie ordinaire qu'il menait ici pour devenir moine. Je ne l'ai jamais connu autrement que moine, mais papa m'a raconté sa vie d'avant. Il a tout remis en question du jour au lendemain, et maintenant il vit et travaille au Cenacolo, en Italie. C'est une communauté qui accueille les personnes toxicodépendantes au jeu, à l'alcool ou aux drogues. Clément a pour rôle d'épauler les fidèles pendant leur cure de désintoxication et de les aider à se réinsérer dans la vie sociale et professionnelle après leur parcours chaotique. Je l'ai rencontré à la fin du printemps et j'ai tout de suite été intéressée par ce qu'il m'a dit de sa mission. Je me suis renseignée avec lui pour voir comment il était possible d'intégrer le Cenacolo en tant que bénévole auprès des religieuses, mais malheureusement les procédures avec les ecclésiastiques sont trop compliquées, cela n'a pas pu se faire. Je retenterai ma chance en préparant ce projet plus en amont au début de l'année prochaine.

En attendant, j'ai prévu de faire ce que font beaucoup de jeunes qui prennent une année sabbatique : des saisons. À l'automne, je serai hôtesse sur l'un des bateaux du Ponant, et cet hiver je pense aller travailler dans une station de ski. Bien sûr ces plans peuvent changer, mais c'est ce que j'envisage pour le moment.

Entre ma famille et tous ces petits boulots, je suis bien occupée pour ma première année en France. Depuis que nous sommes arrivés au mois de mars, le temps a filé à toute allure, j'ai l'impression d'avoir vécu mille vies en une seule ! Si on m'avait dit que je ferais tout ce que j'ai déjà fait à 18 ans et en si peu de temps, je ne l'aurais jamais cru. Mais je me suis laissé porter par mes envies et mes découvertes sans rien vraiment prévoir, ou en acceptant l'idée que ce que j'avais prévu puisse être chamboulé à tout moment. Si j'étais restée à Perth chez ma mère, je serais passée à côté de tellement de choses…

Sébastien

Une semaine après l'arrivée de *Merci* à Toulon, nous ne parlions déjà plus de la traversée. OK, Jade et moi l'avions menée à son terme, mais il n'y avait pas de quoi se congratuler pendant des lustres. Nous ne l'avons pas oubliée, bien sûr ; elle comme moi nous souvenons encore de chaque minute, de chaque seconde passée sur *Merci.* Cette longue navigation sur deux océans nous a profondément changés. Avant toute chose, elle a renforcé notre relation père-fille, grâce à tout le temps que nous avons passé en tête à tête.

Mon intention initiale était de ramener mon bateau à Toulon et de le vendre pour en acheter un autre, car je songeais sérieusement à me lancer une nouvelle fois dans l'aventure Vendée Globe en 2024. Or, en larguant les amarres avec ma fille à bord de *Merci*, j'étais loin de me douter que cette « route de Jade » serait aussi riche sur les plans psychologique, affectif et émotionnel. De fait, elle m'a permis de me rendre compte qu'il était temps pour moi de refermer le livre de la « conquête de l'inutile » et de concentrer toute mon énergie sur un objectif plus altruiste, en l'occurrence un projet humanitaire. Le Vendée Globe comme la « route de Jade » ont peut-être inspiré certaines personnes qui ont suivi nos aventures, mais ce que mes expériences de navigation ont pu apporter dans leur vie n'est pas mesurable en temps réel. Or, ce qui m'intéresse dans les missions humanitaires, c'est qu'elles visent à produire un résultat immédiat.

Marine et Jade sont vraiment pour beaucoup dans ma décision de ne pas m'aligner au départ du prochain Vendée Globe. Elles me connaissent et savent très bien que, lorsque j'ai décidé quelque chose, personne ne peut me faire changer d'avis. C'est pourquoi elles ne m'ont jamais dit ouvertement qu'elles ne souhaitaient pas que je refasse cette course, ni que Jade était terrifiée à l'idée de me savoir de nouveau seul en mer sur un Imoca. Cependant, elles m'ont permis d'évoluer dans ma réflexion : j'ai d'abord compris que le Vendée Globe ne me correspondait plus ; mais c'est quand j'ai mesuré tout ce que la traversée avait apporté à Jade, jour après jour, sur *Merci*, que j'ai véritablement renoncé à la course au large en solitaire. Désormais, je me retrouve beaucoup plus dans le lien direct d'aide ou de partage avec les autres.

Je crois avoir appris à Jade quelque chose d'essentiel à mes yeux : à ne pas avoir peur de prendre des décisions. Je sais que désormais elle hésitera moins à décider de ses actes et à affronter ses envies, quitte à se tromper parfois. Jade est très humble, elle n'éprouve aucune fierté d'avoir effectué la traversée Perth-Toulon. Sa grande phrase, c'est : « *So what ?* » Les deux premières semaines de mer ont pourtant été épouvantables pour elle. Entre la découverte d'un nouvel environnement, l'inconfort du bateau, la dangerosité de la situation et le fait que ses amis et sa famille lui manquaient terriblement, je sais qu'elle a vraiment souffert pendant toute la première partie du voyage. Si je lui avais proposé à ce moment-là de rebrousser chemin, je pense qu'elle aurait accepté, car elle n'était pas encore assez mûre intellectuellement pour se dire qu'elle pourrait s'en vouloir un jour d'avoir abandonné aussi rapidement.

Je me souviendrai longtemps de ce que ma fille de 18 ans m'a confié dans un restaurant de sushis à Cape Town lors de notre escale en Afrique du Sud :

— Papa, ce n'est pas toi qui, dans dix ou vingt ans, te retourneras sur cette aventure en te disant : « Oui, mais je n'ai pas été jusqu'au bout. » Il n'est pas question d'abandonner la « route de Jade ». Je couperai la ligne d'arrivée avec toi.

Il est clair que si j'ai réussi à lui transmettre quoi que ce soit, c'est qu'elle avait déjà en elle la force et le désir d'apprendre et d'évoluer, ainsi qu'un caractère assez affirmé pour le faire. La preuve en est qu'elle a décidé de partir avec moi pour Toulon, alors qu'elle ne s'intéresse pas au bateau, elle s'en fiche même royalement… En un sens, elle est comme moi. Cela peut paraître étrange de la part de quelqu'un qui a fait des régates son métier, travaillé dans une voilerie, couru deux Vendée Globe, mais je ne me considère pas comme un marin, car je n'ai pas de réel plaisir à être sur l'eau – contrairement à mes frères qui adorent ça et ne manquent pas une occasion de naviguer pour le « fun », comme nous le faisions avec mon père quand nous étions petits. Pour moi comme pour Jade, le voilier a simplement été un moyen de transport pour rallier la France. Cerise sur le gâteau, c'est un moyen de transport écologique !

Aujourd'hui, Jade a sa vie d'adulte à construire. Je regarde avec tendresse cette enfant qui a tant grandi et, comme tous les parents, je fais ce que je peux pour l'aider à prendre son envol.

Il me restera de très belles images, des souvenirs inoubliables, des moments si précieux et intenses partagés avec ma désormais grande fille, qui sera toujours ma petite Jadounette.

Merci, Jade, de me les avoir offerts.

Jade

— Jackaroo One pour Jackaroo Two… Jackaroo Two, est-ce que vous m'entendez ?

— Ici Jackaroo Two, je vous reçois !

Chaque été, quand Marshal et moi étions petits, papa nous emmenait en vacances à Esperance, à une dizaine d'heures de route de Perth. Nous allions dans une ferme, chez des copains de voile de papa, des Franco-Suisses qui ont une fille, Yona, un peu plus jeune que nous, et un garçon de deux ans notre aîné, Nils, dont j'ai déjà parlé. Dans cette ferme immense, il y avait des vaches et des alpagas.

Les petits citadins que nous étions découvrions la vie à la campagne. Un soir, nous avons assisté à la naissance d'un veau avec Kiny, la mère de Yona et Nils, qui a enfoncé un bras dans la vache pour l'aider à sortir son petit. J'ai trouvé ça particulièrement dégoûtant.

Jackaroo One et Jackaroo Two sont les noms de code de nos deux voitures, des pick-up qu'on appelle ici des Utes, très populaires en Australie. L'un des deux véhicules est conduit par Nils (bien qu'il n'ait pas du tout l'âge pour le faire !) et l'autre par papa.

Marshal s'installe dans un des deux pick-up, moi dans l'autre, et nous communiquons par radio pour rassembler le troupeau de vaches et les ramener dans l'étable ou les changer d'enclos.

D'autres fois, nous montons dans la benne pendant que Nils et son père tirent à la carabine sur des kangourous sans sortir de leur véhicule. Nous nous contentons d'observer, et le soir, nous mangeons le kangourou chassé dans la journée.

« Les enfants, il vaut peut-être mieux que maman ne sache pas en détail ce que nous faisons ici, sinon on risque de la voir débarquer comme une furie », nous suggère papa de temps en temps – et, avec le recul, je pense qu'on ne pourrait pas donner tort à maman d'accourir pour nous récupérer !

C'est ça qui est génial avec papa, il nous fait faire des trucs extraordinaires. Nous revenons toujours des vacances avec des souvenirs plein la tête. Je sais bien qu'il nous regarde faire en ayant, au préalable, pris toutes les précautions nécessaires pour que cela se passe bien, mais Marshal et moi avons l'impression de prendre des risques incroyables. J'adore ça !

Parfois, il nous laisse même conduire son Ute dans la ferme, alors qu'on touche à peine les pédales. Tous les après-midi, on peut faire quelques kilomètres sur les chemins cabossés. Forcément, on abîme un peu la carrosserie, mais papa s'en moque, il n'est pas matérialiste – sauf quand il s'agit de son bateau ! Quand, à notre retour, on a raconté ça à maman, elle est devenue dingue !

Notre père n'a pas été très présent au quotidien, mais quand il était là, il prenait toute la place, et nous ne vivions pas du tout de la même façon qu'avec maman. Accepter que je vienne avec lui faire un demi-tour du monde et ramener son bateau de Perth à Toulon est la marque de son état d'esprit, de sa nature profonde : il nous a toujours fait confiance.

Grâce à la « route de Jade », ma relation avec mon père est plus forte et solide qu'elle ne l'a jamais été. Je sais qu'elle le restera. Cette certitude me donne l'assurance, et peut-être un peu de la sérénité dont j'ai besoin, pour continuer ma route.

Merci, papa.

Annexe

Comment la Lune a eu ses cicatrices
(*How the Moon got her scars*)

Voici une petite histoire que j'ai écrite à bord. Ne me jugez pas, le bateau m'a rendue un peu folle…

Jade

Il était une fois, à la création de l'Univers, le Soleil qui se formait à partir des profondeurs tourbillonnantes de l'espace extra-atmosphérique. Sa lumière éclairait de couleurs jusqu'aux confins du système, réchauffant les planètes rocheuses et stériles. Pourtant, celles-ci demeuraient austères et sans vie. Un jour, lassé de tant d'uniformité, le Soleil décida d'expérimenter quelque chose… De nombreuses options s'ouvraient à lui, mais il jeta son dévolu sur une certaine planète. Elle n'était pas la plus petite, pas non plus la plus grande ; ni la plus proche de lui ni la plus lointaine. Cette planète n'était pas entourée d'anneaux ni de nuages gazeux, ni particulièrement colorée. C'était une planète toute simple – marron, rudimentaire et pierreuse –, on serait facilement passé devant elle sans la remarquer, mais c'était elle que le Soleil avait choisie. Il l'aimait tellement qu'il lui donna un nom, je suis sûre que vous avez deviné : cette planète s'appelait Terre.

Plutôt que de la laisser rocheuse, abrupte et laide, le Soleil commença à adoucir sa surface. Sous son action, les rochers acérés se muèrent en dunes de sable et en champs fertiles. Malheureusement, cet état de grâce ne dura pas : exposée aux rigueurs de l'espace, la surface de la planète redevint rapidement cassante et dure.

Dépité, le Soleil réfléchit. Et soudain, il eut une idée de génie.

Travaillant rapidement, il se procura de l'éther stocké dans l'espace lointain et façonna ses volutes gazeuses en un grand écrin circulaire, à l'intérieur duquel il enchâssa la fragile Terre. Il l'appela « Ciel ». Le Ciel protégeait la Terre contre la rudesse de l'espace, tout en diffusant sur elle la lumière du Soleil. Celui-ci vit ainsi sa planète commencer à se réchauffer, et il en fut ravi.

Le Soleil dit alors aux deux entités :

— Maintenant, allez-y : couvrez la surface de belles choses, afin que je puisse les contempler de là-haut et que cela me rende heureux.

Le Ciel et la Terre sourirent et firent ce que le Soleil avait ordonné.

C'est ainsi que, pendant de nombreuses années, la vie sur Terre se déroula paisiblement. Le Ciel et la Terre, amoureux, se marièrent, et leurs enfants ne tardèrent pas à peupler la planète : c'étaient les dieux des océans, des rivières, des nuages, des montagnes et des vallées. Ces derniers, à leur tour, donnèrent naissance aux dieux des arbres, des plantes et des animaux… Enfin, la race humaine apparut.

Or une telle prospérité ne pouvait pas durer.

Le Soleil, aimé et vénéré par les habitants de la Terre, commença à devenir méfiant et suspicieux. Car il voyait bien que le Ciel et la Terre avaient de plus en plus de descendants et craignait qu'ils ne le supplantent.

Un jour, il reçut une sorte de prophétie qui confirma ses mauvais pressentiments.

Comme toute chose en ce monde, le Soleil – l'incarnation de la lumière, de la chaleur et de la vie – avait son opposé : la Nuit, une entité froide et morte qui n'avait de cesse que d'éteindre l'éblouissante lumière offerte par le Soleil.

Ainsi, la Nuit, qui avait si longtemps attendu son heure qu'elle en avait presque été oubliée, murmura au Soleil d'une voix sifflante, aussi glacée que les profondeurs de l'espace :

— Gare à toi. Ce que tu redoutes adviendra. Si tu laisses la Terre et le Ciel se gouverner eux-mêmes, ils engendreront tôt ou tard un enfant dont le pouvoir rivalisera avec le tien. Tu seras alors écarté et jeté dans l'oubli.

Les paroles de la Nuit ne firent qu'accroître la paranoïa du Soleil. Il prit alors une décision : le Ciel et la Terre devaient être séparés. Mais il devait jouer finement, car une guerre entre les trois entités causerait immanquablement la ruine définitive de sa planète bien-aimée. Il attendit le moment propice, puis descendit rendre visite au Ciel et à la Terre dans un grand éclat de lumière et de feu. Paniqués, leurs nombreux enfants se mirent à courir partout en hurlant, effrayés par la grande puissance du Soleil. Mais le Ciel et la Terre étaient plus vieux, plus forts, plus sages : ils gardèrent leur calme en sachant qu'ils comprendraient bientôt ce qui se passait. Effectivement, le Soleil s'adressa à eux dans ces termes :

— La Nuit m'a averti que vous serez prochainement placés devant une alternative par une force maléfique qui a juré votre perte : soit vous devrez vous séparer pour toujours, soit cette force vous avalera entièrement avec tous vos enfants sans exception.

Bouleversés par cette nouvelle, le Ciel et la Terre implorèrent l'aide du Soleil. Dissimulant sa satisfaction de les voir tomber aussi facilement dans son piège, le Soleil les rassura en leur promettant qu'il les protégerait contre la force maléfique qui cherchait à les séparer. Il leur exposa alors le plan qu'il avait conçu pour eux (mais dont il serait en réalité le seul bénéficiaire, ce qu'il se garda bien de préciser) :

— Vous allez conclure un marché avec cette force maléfique – n'ayez crainte, vous en sortirez gagnants ; vous accepterez de vous séparer, mais en y mettant une condition : que votre séparation ne survienne que lorsque je brillerai la nuit.

Tout le monde savait, bien sûr, que, si puissant que fût le Soleil, l'univers exigeait l'équilibre : le Soleil ne pourrait jamais briller la nuit ! Louant le Soleil pour son astuce, sûrs qu'ils étaient sauvés, le Ciel et la Terre acceptèrent le marché. Ravi, le Soleil s'en alla.

Quelque temps après, il mêla à sa propre lumière celle de toutes les étoiles et brilla si fort que tous les habitants de la Terre en furent provisoirement aveuglés. Profitant de leur cécité, il s'éclipsa discrètement et plongea dans les profondeurs du système solaire.

Là, oubliée et abandonnée, se tenait autre planète, aussi froide et sombre que la Terre était chaude et lumineuse. Cette planète n'avait jamais capté le moindre rayon du Soleil et depuis toujours elle errait dans les régions les plus reculées de l'espace, invisible, délaissée. Or le Soleil se mit à envelopper cette planète de son illustre éclat, à la couvrir d'une lumière qui n'avait jamais été vue auparavant. La pauvre petite planète en pleura de joie et dit au Soleil :

— Tout ce que vous voulez, mon seigneur, je le ferai. Jamais je n'ai ressenti une telle chaleur, une telle puissance, une telle gloire.

Cela plut au Soleil, qui était vaniteux et avide de louanges.

— Petite planète, annonça-t-il magnanimement, viens avec moi et je te donnerai une place dans le système solaire. Tu profiteras de ma chaleur pour toujours. Les habitants de la Terre, la planète que j'ai élue, te vénéreront juste après moi. Tu ne seras plus jamais seule, ignorée ou dédaignée.

La planète n'en revenait pas, cette offre dépassait ses rêves les plus fous. Elle acquiesça humblement et jura fidélité au Soleil. Elle ne vit pas le sourire presque diabolique dont le visage de son bienfaiteur fut alors éclairé, au point que pendant un instant sa lumière, toute concentrée dans son expression de triomphe, sembla se retirer imperceptiblement du reste de son être. La planète, si reconnaissante fût-elle, le remarqua, mais s'interdit de se questionner sur cet étrange phénomène ; bien au contraire, elle se réprimanda intérieurement pour avoir laissé le moindre doute la traverser au sujet du Soleil à qui elle devait tant.

Ce dernier reprit la parole :

— J'ai décidé de t'accorder encore une faveur, petite planète. Je te donnerai un peu de ma propre lumière, afin que, pendant les heures de mon repos nocturne, tu éclaires le chemin des habitants de la Terre.

La planète en eut le souffle coupé : que d'honneurs pour elle, si inutile, si négligeable ! Elle bredouilla des remerciements éperdus et se mit à suivre le Soleil comme un chien.

Quand ils furent arrivés devant la Terre, le Soleil dit à la petite planète :

— Tu resteras ici, invisible le jour face à ma brillance. Tu te révéleras avec la nuit et seras alors regardée avec admiration, vénérée et louée comme tu n'aurais jamais pu l'imaginer.

La petite planète en trembla, à la fois de bonheur et d'incrédulité. Le Soleil lui adressa alors ce qu'il pensait être un gentil sourire, mais dont tout œil plus averti que celui de la petite planète eût immédiatement démasqué l'hypocrisie.

— Petite, tu es une de mes créations, maintenant. Et ainsi tu auras un nom. Tu t'appelleras Lune.

La Lune rayonna, inondée de la lueur du Soleil.

La Soleil retourna alors à sa place dans les cieux. Aussitôt, les habitants de la Terre recouvrèrent la vue et reprirent leurs activités habituelles. Tant que le Soleil brillait, la Lune était invisible. Personne ne soupçonna la présence de cette nouvelle planète.

Or, lorsque la nuit tomba, la Lune s'éleva à l'horizon dans un déploiement de lumière d'un blanc argenté.

Pour la Terre et le Ciel, cela signifiait que le Soleil s'était mis à briller la nuit, et que, pour respecter leur parole vis-à-vis de la force maléfique, ils devaient se séparer. Ce qu'ils firent, à leur plus grand désespoir.

Folle de chagrin, la Terre fit appel à ses enfants, aux esprits des montagnes et des rochers, et utilisa son propre pouvoir pour lancer des morceaux d'elle-même sur la Lune, dans l'espoir de la renverser. Mais le Soleil avait soigneusement choisi l'emplacement de la Lune et, bien que celle-ci eût été atteinte par les projectiles, elle demeura obstinément dans les cieux, brillant obstinément, comme si elle se moquait de la Terre.

Pendant des années, la Terre continua à bombarder vainement la Lune de rochers et de cailloux, jusqu'à ce que, épuisée et découragée, elle se couchât pour se reposer – comme l'avait fait le Ciel bien des années auparavant. La Lune continua à briller, mais sa surface autrefois lisse et uniforme était désormais criblée de cicatrices et de cratères.

La Terre sombra dans un sommeil profond. Privés des conseils de leurs parents, les dieux plus petits commencèrent eux aussi à s'endormir les uns après les autres. Pour finir, seuls les humains, dont à peine une petite goutte de sang divin coulait dans les veines, restèrent éveillés.

Consterné, le Soleil les regarda piller sa planète préférée, puisqu'il n'y avait plus de dieux pour les contrôler. La surface de la Terre fut hérissée de constructions et de machines semblables à des poignards, obscurcissant le Ciel envahi de fumées noires. Il voulut les chasser, mais il était si fatigué qu'il en fut incapable.

Avant de s'endormir à son tour, la dernière chose qu'éprouva le Soleil fut un sentiment de regret.

Remerciements

À toi, Marine Bayer. Cette idée folle de la « route de Jade » n'aurait pas pu être menée à bien sans ton soutien inconditionnel. Tes compétences, ton organisation et ton abnégation pour gommer les difficultés nous ont permis d'y arriver. Merci.

À toute l'équipe de XO Éditions. Cet ouvrage n'aurait pas vu le jour sans la confiance de Bernard Fixot et d'Édith Leblond, et de Renaud Leblond, notre éditeur, qui a mis en scène ce récit à deux voix. Merci.

Ce moment unique n'aurait jamais existé sans tous ceux qui sont intervenus de près ou de loin dans cette « route de Jade ». Ils se reconnaîtront et nous les remercions du fond du cœur. Cependant, nous tenons à nommer « Personne », cet anonyme qui nous a attendus cette nuit-là à Toulon. C'était tellement puissant de te découvrir seul sur le quai. Merci.

À toi, Kim. Malgré tes peurs, tu as accepté que ta fille Jade se lance dans cette incroyable aventure. Merci.

À toi, Joy Raffin, qui as recueilli, avec beaucoup de sensibilité, nos témoignages, et à vous, Marianne Colombier, pour le soin particulier que vous avez apporté au texte. Merci.

Enfin, un immense merci à toi, *Merci*, de nous avoir ramenés au port.

Composition et mise en pages
Nord Compo à Villeneuve-d'Ascq

Impression réalisée par CPI BRODARD & TAUPIN
La Flèche (Sarthe), en octobre 2022

N° d'édition : 4829/01 - N° d'impression : 3049126
Dépôt légal : novembre 2022

Imprimé en France